# DIESE NATO HAT AUSGEDIENT
## DAS BÜNDNIS MUSS EUROPÄISCHER WERDEN

W0067871

**Standpunkte:** unbequeme Einsichten, provokante Ansichten, weitsichtige Vorschläge. Die sich in der Essayreihe »Standpunkte« zu Wort melden, wollen die Debatte über grundsätzliche und aktuelle Fragen der Politik vertiefen und in die Breite tragen. Die Klarheit der Argumentation lädt den Leser ein, die eigene Meinung zu schärfen – und sie ebenso energisch zu vertreten.

# Diese NATO hat ausgedient

## Das Bündnis muss europäischer werden

EIN STANDPUNKT VON THEO SOMMER

Roger de Weck

# Kurze Ewigkeiten

Es gibt keine ewigen Bündnisse. Wer jedoch einen Bund eingeht (und sei es den der Ehe), treibt sich selbst, dem Partner
und Dritten die Vorstellung vom Ende aus. Manch »ewiges
Bündnis« des Mittelalters allerdings pflegte man zu brechen,
noch bevor der Siegellack trocknete. Und was beschwor die
sowjetische Hymne? »Ein ewiges Bündnis aus Volksrepubli-
ken / In Freiheit aus unserm Großrussland erstund. / Lang
lebe, getragen vom Willen der Völker, / Der einige, starke,
sowjetische Bund!« Die Ewigkeit währte von 1922 bis 1991.

Das ist das Problem der NATO. Das westliche Bündnis
hatte den einen Gegner und hat ihn nicht mehr. Es sollte nach dem Willen seiner Gründer »Bollwerk« sein, aber
was bleibt einzudämmen? Ohnehin ist der Westen nicht
länger die einstige Wertegemeinschaft. Das transatlantische Bündnis verabschiedete 2010 ein Strategisches Konzept
»ohne Fokus«, wie Theo Sommer bedauert: »Wortreichtum,
Wiederholsamkeit und Wolkigkeit müssen einen eklatanten
Mangel an Einigkeit und Konkretion verdecken.«

Das schreibt einer, der weiß, wie »die kleinkarierten
Sitzungen in Brüssel ablaufen, in denen Unterabteilungen
stundenlang über die Formulierung eines Absatzes ringen«.
Bei allem Frust überwiegt die unverdrossene Lust an der Sicherheitspolitik – wenige überblicken die Materie wie »Ted«
Sommer, der in den 60er Jahren des vergangenen Jahrhunderts bei Henry Kissinger studierte, in den 70er Jahren Helmut Schmidts Planungsstab im Verteidigungsministerium
leitete. Noch 2001 verfasste Sommer einen Bericht über
den Umgang der Bundeswehr mit Gefahrstoffen, vor allem
der im Kosovo eingesetzten Uran-Munition. Immer wieder

besuchte er auch später im Kosovo wie in Afghanistan deutsche und NATO-Truppen, bei einer nächtlichen Schießerei unweit Kundus im Gefechtsstand sitzend.

Seit gut fünf Jahrzehnten Theoretiker und Praktiker der Sicherheitspolitik, Beobachter und Akteur, Kenner aus nächster Nähe und aus jener Distanz, die dem Urteil zugute kommt: In diesem Buch zieht Sommer Bilanz und eröffnet Perspektiven. Wie Helmut Schmidt sieht er die NATO als »Riesenkrake von Bürokratie«, anders als der Altbundeskanzler hält er sie (noch?) nicht für überflüssig, da »man seine Feuerversicherung nicht aufgibt, bloß weil einem die Feuerwehr missfällt«.

Laut Sommer muss das Nachdenken über das Bündnis dem Brüsseler Apparat entrissen und zurück auf die politische Ebene gebracht werden. NATO-Reformer sollten die Übermacht des rein militärischen Denkens à la Pentagon eindämmen; die Grenzen des NATO-Aktionsraums realistisch abstecken; vom lähmenden Konsensprinzip abrücken, hin zu einer »Koalition der Willigen«. Vor allem plädiert der Autor für den europäischen Pfeiler neben dem amerikanischen. »Auf jeden Fall sollten die Europäer der – vor allem in Amerika zu beobachtenden – Tendenz entgegenwirken, in den Feinden der Vergangenheit auch die Feinde der Zukunft zu sehen.« Sonst wird die NATO als ewiggestriges Bündnis »verdämmern und verbleichen«.

*Berlin, April 2012*

# Vorwort

Als »weißer Jahrgang« – vor dem Zweiten Weltkrieg zu jung für die Wehrmacht, nach dem Krieg zu alt für die Bundeswehr – habe ich nie Uniform getragen. Aber den Fragen der Verteidigung und Vergeltung, den Spitzfindigkeiten der nuklearen Strategie und den endlos wiederkehrenden Auseinandersetzungen innerhalb der Atlantischen Allianz habe ich in dem halben Jahrhundert meines Journalistenlebens ein Gutteil meines professionellen Interesses gewidmet. Anfang der 1960er Jahre studierte ich an der Harvard-Universität bei einem jungen Assistenzprofessor namens Henry Kissinger Internationale Beziehungen im Kernwaffenzeitalter; zu Beginn der 1970er Jahre war ich unter dem Bundesverteidigungsminister Helmut Schmidt Leiter des Planungsstabes auf der Hardthöhe; danach gehörte ich zwei Wehrstrukturkommissionen an, 1970–72 in Bonn und ein weiteres Mal, als Vizevorsitzender der Weizsäcker-Kommission, 1999–2000 in Berlin. Gut zwanzig Jahre war ich Council-Mitglied des Londoner International Institute of Strategic Studies; und als *ZEIT*-Redakteur habe ich mehr Leitartikel über den Ost-West-Konflikt und das Gleichgewicht des Schreckens, über Rüstung und Abrüstung und die NATO geschrieben, als in zwei dicke Leitz-Ordner passen. Und das Thema hat mich auch seitdem nicht losgelassen.

Für meine Generation war die NATO von zentraler Bedeutung; sie war die Lebensversicherung der Westdeutschen. Auch in der Rückschau leidet es keinen Zweifel: Ohne das westliche Bündnis flatterte heute die rote Fahne mit Hammer und Sichel über uns allen. Die NATO war das mächtigste, verlässlichste und erfolgreichste Verteidigungsbündnis der Weltgeschichte. In den Jahren 1949–1989 wehrte sie vielerlei sowjetische Anschläge auf den Nachkriegs-Status-quo ab – so während der Berlin-Blockade 1948/49, erneut in der Berlin-Krise 1959/1962, schließlich in dem Raketenkonflikt der Jahre 1977–1987, der als innen- und außenpolitischer Streit um die »Nachrüstung« in die Geschichtsbücher eingegangen ist. Am Ende triumphierte die Atlantische Allianz: Sie siegte in dem säkularen Ringen zwischen Ost und West, ohne einen einzigen Schuss abgegeben zu haben. Am 9. November 1989 fiel die Berliner Mauer, Ruck um Ruck wurde danach der Eiserne Vorhang hochgezogen, das kommunistische System brach im ganzen Ostblock zusammen, der Warschauer Pakt löste sich Mitte 1991 auf, und Ende jenes Jahres zerfiel die Sowjetunion in 17 Staaten. Drei Jahre später zog die Rote Armee aus Ostdeutschland ab.

Freilich, mit dem Gegner im Osten verlor das Bündnis auf einen Schlag wo nicht seine Daseinsberechtigung, so doch den Kern seines Daseinszweckes. Seitdem sind der Auftrag, die Bestimmung, ja: der Sinn der NATO umstritten. Auf eine Reihe schwerwiegender Fragen gibt es zwei Jahrzehnte nach dem Ende des Kalten Krieges noch immer keine Antwort. Wird das Bündnis überhaupt noch gebraucht? Wenn ja, in welcher Form, Stärke und Organisationsdichte? Was soll sein Auftrag sein: Territorialverteidigung, globales Ausgreifen und Eingreifen als Weltgendarm am amerikanischen Leitseil oder Reserve für friedenserhaltende und friedensschaffende Missionen der Vereinten Nationen? Und welcher Preiszettel ist unseren Völkern für Verteidigungsausgaben in einer Zeit zuzumuten, in der die Bewahrung der wirtschaftlichen und sozialen Stabilität einleuchtenderweise den Vorrang gewinnt vor militärischen Verwicklungen in fernen Weltgegenden, seien sie geostrategisch und geopolitisch motiviert oder aus humanitären Erwägungen gespeist?

Es ist an der Zeit, eine Antwort auf diese essentiellen Fragen zu formulieren.

# I. Die Anfänge

Warum hat diese NATO ausgedient – die NATO, wie wir sie heute kennen? Ein Blick auf ihre Entstehungsgeschichte liefert die unwiderlegbare Antwort: weil die Welt sich verändert hat. So total, dass sich aus den historischen Wurzeln der Atlantischen Allianz keine Rechtfertigung mehr für ein gebetsmühlenhaftes »Weiter so« ableiten lässt.

Erinnern wir uns der Lage vier Jahre nach dem Ende des Zweiten Weltkrieges. Die Furcht vor einem Wiederauferstehen des deutschen Militarismus hatte sich mittlerweile gelegt, auf jeden Fall wurde sie zusehends überlagert von einem neuen Alb: der sowjetischen Bedrohung. Um ihr zu begegnen, wurde damals das Bündnis gegründet. Am 4. April 1949 trafen sich im Auditorium des State Department in Washington die Außenminister von zwölf westlichen Ländern und setzten ihre Unterschrift unter den Nordatlantikpakt, die Geburtsurkunde der NATO.

In seinem Memoiren *Present at the Creation* schildert der damalige US-Außenminister Dean Acheson die Szene. Während die versammelten Würdenträger auf die Eröffnung der Unterzeichnungszeremonie warteten, so berichtet er, gab die Marinekapelle dem Vorgang einen unerwarteten Schuss Realismus. Sie spielte nämlich zwei Lieder aus George Gershwins damals populärem Musical *Porgy and Bess* auf – *I got plenty of nothing* und *It ain't necessarily so*.

Die beiden Schlager beschrieben den anfänglichen Zustand des Atlantischen Bündnisses mit unbeabsichtigter Direktheit. Nach 1945 hatten die Mitgliedstaaten rasch abgerüstet. Die Vereinigten Staaten zogen das Gros ihrer Truppen vom europäischen Kontinent ab. Auch die Westeuropäer demobilisierten, strichen die Friedensdividende ein und begaben sich mit voller Kraft an den Wiederaufbau ihrer zerstörten Länder.

Doch dann machten sie alle unversehens die Erfahrung, die dem alten Sprichwort zugrunde liegt: »Es kann der Frömmste nicht in Frieden leben, wenn es dem bösen Nachbarn nicht gefällt.« Von Jahr zu Jahr wurde klarer, dass Stalins Sowjetunion darauf aus war, nicht nur ihre Einflusszone, sondern ihren Herrschaftsbereich weit über ihre Grenzen hinaus auszudehnen. Im Februar 1946 schon beklagte Winston Churchill in Fulton / Missouri die Einsetzung totalitärer Regime in ganz Osteuropa: »Ein Eiserner Vorhang hat sich quer über den Kontinent gesenkt.« Nacheinander übernahmen die Kommunisten in Bulgarien, Rumänien, Polen und zuletzt, im Februar 1948, in der Tschechoslowakei die Macht. Die demokratischen Parteien wurden unterdrückt, ihre Anführer verfolgt; Schauprozesse, rabiate Säuberungen und brutaler Terror machten aus den eben von Hitlers Joch befreiten Ländern sowjetische Satelliten. Ostdeutschland – die nachmalige DDR – war von Anfang an gleichgeschaltet worden. In Griechenland zettelten die kommunistischen Guerillaverbände des Generals Markos einen blutigen Bürgerkrieg an; Moskau bedrängte die Türkei, eine sowjetische Militärpräsenz am Bosporus und an den Dardanellen hinzunehmen; der Kreml setzte Titos Jugoslawien unter Druck, sich Stalins Diktat zu unterwerfen. Im September 1947 wurde die Kominform gegründet, die in Westeuropa das Vorgehen der kommunistischen Parteien koordinieren sollte – Streiks und Propaganda-Kampagnen etwa, die im Winter 1947/48 sowohl in Frankreich als auch in Italien eine kommunistische Machtübernahme nicht gänzlich ausgeschlossen erscheinen ließen.

Die aggressiven Bestrebungen Moskaus lösten im Westen große Besorgnis aus. Die Reaktion ließ nicht lange auf sich warten. Zunächst einmal sollten der Marshallplan, verkündet im Juni 1947, und das daraus erwachsende Europäische Wiederaufbauprogramm die Europäer gegen die kommunistische Versuchung immunisieren. Doch immer mehr schob sich die Notwendigkeit in den Vordergrund, dem Expansionsstreben der Sowjets, die ihre Armeen nach Kriegsende nicht nach Hause schickten, sondern aufrüsteten und modernisierten, auch militärische Schranken zu setzen. Im Brüsseler Vertrag vom 17. März 1948 über eine *Western European Union* (WEU) fand dieses Bedürfnis zum ersten Mal Ausdruck. Wohl gelobten England, Frankreich und die drei Beneluxstaaten in diesem Dokument nochmals, gemeinsam alle Schritte zu ergreifen, die »im Falle einer erneuten deutschen Aggressionspolitik« notwendig würden. Doch war dies das letzte Mal. Und in der Präambel zeichnete sich bereits unübersehbar ein neuer Bündniszweck ab: nämlich »*jeglicher* Aggressionspolitik« gemeinsam entgegenzutreten. Diese Formulierung zielte eindeutig schon auf die Sowjetunion.

Es war dann die immer aggressivere Deutschland- und Berlin-Politik Stalins, die den Westen zum Handeln drängte. Drei Tage nach der westdeutschen Währungsreform vom 20. Juni 1948 begannen die Russen, den Güter- und Personenverkehr nach Westberlin zu blockieren. Sie argumentierten, Westberlin sei ein Teil ihrer Besatzungszone. Die Westalliierten pochten indessen auf ihre Rechte und starteten am 26. Juni die Luftbrücke, über die Westberlin bis zum Mai 1949 mit dem Notwendigsten versorgt wurde.

Die Berlin-Blockade gab dem Westen den letzten Anstoß, der Schaffung einer Verteidigungsorganisation Dringlichkeit einzuräumen. Dies hieß in erster Linie, die Vereinigten Staaten in den Brüsseler Vertrag einzubinden und den Versuch zu unternehmen, eine multinationale Streitmacht aufzubauen, um den Sowjets Paroli zu bieten. Die Vandenberg-Resolution vom 11. Juni 1948, von Demokraten wie von Republikanern im US-Senat überparteilich gebilligt, machte dazu den Weg frei. Noch im Juli wurden in Washington auf Botschafterebene Verhandlungen zwischen den USA, Kanada, Großbritannien, Frankreich, Belgien, den Niederlanden und Luxemburg aufgenommen. Im Februar 1949 stieß Norwegen dazu, im März wurden Italien, Dänemark, Island und Portugal – faschistisch zwar, doch Herr über die strategisch wichtigen Azoren – hinzugeladen. Am 4. April wurde der Vertrag von den Außenministern und Botschaftern der zwölf Mitgliedstaaten unterzeichnet. Präsident Truman gab in einer kurzen Rede der Hoffnung Ausdruck, dass der Nordatlantikpakt »einen Schild gegen Aggression und die Furcht vor Aggression schaffen werde – ein Bollwerk, das uns erlaubt, mit der eigentlichen Aufgabe von Regierung und Gesellschaft voranzukommen, der Aufgabe, all unseren Bürgern ein erfüllteres und glücklicheres Leben zu bescheren«.

Die wesentlichen Bestimmungen des Washingtoner Vertrages, der bis heute unverändert fortgilt, finden sich im Artikel 3, wonach die Mitgliedstaaten »die eigene und die gemeinsame Widerstandskraft gegen bewaffnete Angriffe erhalten und fortentwickeln« sollten; im Artikel 4, der Konsultationen vorsah, wenn eine der Parteien ihre politische Unabhängigkeit oder ihre Sicherheit bedroht sah; und vor allem im Artikel 5, der das eigentliche Beistandsversprechen enthielt. Die zwölf vereinbarten darin, dass »ein bewaffneter Angriff gegen einen oder mehrere von ihnen in Europa oder Nordamerika als ein Angriff gegen sie alle angesehen werden wird«. Im Falle eines solchen bewaffneten Angriffs sollten alle anderen Vertragspartner dem Angegriffenen Beistand leisten. Diese Beistandsverpflichtung war freilich ungleich weicher formuliert als im Brüsseler WEU-Vertrag: Es blieb den einzelnen Paktmitgliedern überlassen, welche »Maßnahmen, einschließlich der Anwendung von Waffengewalt«, sie für erforderlich erachteten, um die Sicherheit des nordatlantischen Gebiets wiederherzustellen und zu erhalten. Die Reaktion auf den Angriff hätte vom Beileidsbrief bis zum Abwurf von Atombomben auf Moskau reichen können. Gleichwohl verstand Stalin die Botschaft: Vier Wochen nach der Gründung der NATO hob er die Blockade Berlins auf.

Doch das Bollwerk, von dem Truman gesprochen hatte, war noch nicht sehr eindrucksvoll. In Westdeutschland und Berlin standen ganze zwei US-Divisionen, zwei der englischen Rheinarmee und einige kleinere Verbände der französischen Armee. Es waren dies Besatzungsarmeen, zum größten Teil mit Verwaltungsaufgaben betraut, Territorialverteidigung war nicht ihr Auftrag. Ende 1949 jedoch beschlossen die zwölf, die im Washingtoner Vertrag vorgesehene gemeinsame Verteidigungsorganisation aufzubauen. Aus dem *North Atlantic Treaty* wurde die *North Atlantic Treaty Organization*, aus NAT die NATO. In rascher Folge entstanden ein gemeinsames Hauptquartier, gemeinsame Planungs- und Einsatzführungsstäbe und mehrere Regionalkommandos. Ende 1950 wurde der amerikanische General Dwight D. Eisenhower, der spätere Präsident, zum ersten *Supreme Allied Commander Europe* (SACEUR) ernannt, Mitte 1951 hielt er Einzug im *Supreme Headquarters Allied Powers Europe* (SHAPE). Seinem Oberbefehl wurden in den nächsten Jahren Zug um Zug mehr Truppen unterstellt.

Als die Nordkoreaner im Juni 1950 mit Stalins Segen über die südliche Hälfte der Halbinsel herfielen, ging in Europa wie in Nordamerika die Furcht um, dass dies nur das Vorspiel zu einem Angriff auf Westeuropa sein könnte. Die militärische Schwäche des Westens wurde allen schmerzlich bewusst. Amerikaner, Briten und Franzosen hatten, radikal von ihrer Tradition abweichend, schon nach Beginn der Berlin-Blockade die Wehrpflicht in Friedenszeiten eingeführt. Nun wurde die ständige Stationierung westlicher Truppen am Eisernen Vorhang als unumgänglich erkannt. Noch war die NATO, wie ein Spötter anmerkte, wie die Venus von Milo: *all SHAPE and no arms.* Die aggressive sowjetische Politik zwang die West-Alliierten jedoch, ihre Besatzungstruppen in Westdeutschland zu verstärken und ihnen einen neuen Auftrag zu erteilen. Immer klarer wurde zugleich, dass die sechs Wochen nach der Gründung der NATO ausgerufene Bundesrepublik Deutschland einen eigenen Beitrag zur Verteidigung leisten musste. Der locker hingeworfene Ausspruch des ersten NATO-Generalsekretärs Lord Ismay über die Zielsetzung des jungen Bündnisses verlor jedenfalls in Bezug auf die Bundesrepublik zusehends seine Gültigkeit: *»To keep the Americans in, to keep the Germans down, and to keep the Russians out«* – die Amerikaner drin, die Deutschen drunten und die Russen draußen zu halten.

»Die Gefahr, die uns bedroht, besteht nicht nur in Korea«, erklärte Präsident Truman am 6. Dezember 1950. »Dieselbe Bedrohung kommunistischer Aggression schwebt über Europa.« Die Konsequenz: Es mussten schnellstens gemeinsame Streitkräfte zur Verteidigung Europas aufgebaut werden. Eine »Vorwärtsstrategie« wurde beschlossen, nach der einem Angriff so weit wie möglich im Osten begegnet werden sollte. Das bedeutete, dass Europa auf deutschem Boden verteidigt werden musste. Daraus wiederum ergab sich folgerichtig die Notwendigkeit, die junge Bundesrepublik Deutschland politisch und militärisch in die westliche Abwehrfront einzubeziehen. In den westlichen Hauptstädten wurden daher die ersten Überlegungen zur Wiederbewaffnung Westdeutschlands angestellt, auch in Bonn. »Was tun, wenn die Russen kommen?«, war die Kernfrage der

»Himmelroder Denkschrift«, die Adenauers Militärberater dem ersten Bundeskanzler im Oktober 1950 vorlegten – gleichsam das Gründungsdokument der Bundeswehr, wiewohl deren Aufstellung noch fünf Jahre auf sich warten ließ. Griechenland und die Türkei traten dem Bündnis 1952 bei. Schließlich wurde im Mai 1955 auch die Bundesrepublik Mitglied der NATO, ein halbes Jahr nach dem Scheitern des Projekts einer Europäischen Verteidigungsgemeinschaft in der französischen Nationalversammlung. Der Abwehrschild der Allianz gewann in Westeuropa Gestalt und Festigkeit.

Ursprünglich wollte die NATO 96 Divisionen auf die Beine stellen. Sie sollten den vermeintlich 175 sowjetischen Divisionen, von denen zwanzig in Ostdeutschland lagen, Paroli bieten. Später war dann nur noch von 75 bis 85 Sowjetdivisionen die Rede. Auf der Lissaboner Konferenz von 1954 stutzten die Alliierten ihre Zielziffer denn auch auf 30 Divisionen zurück. Allerdings sollte die Einführung taktischer Atomwaffen die Lücke bei den konventionellen Streitkräften wettmachen. Die NATO-Strategie sah deren Einsatz unmittelbar nach Beginn der Feindseligkeiten vor.

Vier Jahrzehnte lang wäre die Hälfte der westdeutschen Ostgrenze – 1346 Kilometer gegenüber der DDR, 356 Kilometer gegenüber der Tschechoslowakei – im Ernstfall von alliierten Streitkräften verteidigt worden. Noch bei dem großen Zeitenbruch der Jahre 1989/90 lagen fast ebenso viele Soldaten der Verbündeten in der Bundesrepublik wie deutsche: 242 800 Amerikaner, 69 700 Briten, 52 000 Franzosen, 26 600 Belgier, 7100 Kanadier und 5700 Holländer neben einer halben Million Bundeswehrsoldaten, die im Kriegsfall auf einen Mobilmachungsumfang von 1,3 Millionen Mann gebracht worden wären. In schichttortenhafter Nord-Süd-Staffelung hätten Truppen aus sechs Ländern – Dänemark, den Niederlanden, Belgien, Großbritannien, den Vereinigten Staaten und Frankreich – Schulter an Schulter mit der Bundeswehr gekämpft. Diese multinationale Präsenz auf dem Bundesgebiet brachte die Unteilbarkeit des atlantischen Bündnisses zum Ausdruck. Dessen konventionelles Abwehrpotenzial wurde unterfüttert durch das atomare Abschreckungsarsenal der Amerikaner.

Der Abschreckung dienten auch die 7000 Atomwaffen taktischer Reichweite, die zeitweise auf westdeutschem Boden lagerten – 4000 Sprengköpfe waren es noch Anfang der 1980er Jahre. Da 60 Prozent dieser Waffen eine Reichweite von unter 25 Kilometern hatten, konnten sie nur das eigene Gebiet verwüsten – eine Tatsache, die das NATO-Manöver *Carte Blanche* 1955 mit verstörender Wucht klarmachte. Die sogenannten »taktischen« Atomwaffen dienten damit – eine Option auf Selbstmord, mehr nicht – letztlich der Selbstabschreckung, nicht der Abschreckung des Gegners. Helmut Schmidt hat später gelegentlich angedeutet, dass er die weiße Flagge der Kapitulation gehisst hätte, wenn die ersten dieser Waffen auf deutschem Gebiet eingesetzt worden wären. Kein deutscher Kanzler hätte wohl anders handeln können.

Im Rückblick darf man mit einem Seufzer der Erleichterung sagen: Das Abschreckungskonzept des westlichen Bündnisses hat funktioniert. Der Schutzschild hielt, und nach 40 Jahren der Konfrontation durfte die NATO einen Sieg ohne Krieg feiern.

Warum diese lange Vorgeschichte? Um es zu wiederholen: weil sie auf schlagende Weise belegt, weshalb »der Westen« als militärisches Bündnis auf den Plan trat, auf den Plan treten musste: um sich gegen den existenzbedrohenden, unverhohlen feindseligen »Osten« wehren und behaupten zu können. Eine vergleichbare, ebenso massive wie direkte Bedrohung gibt es heute nicht. Allein schon daraus rechtfertigt sich der Satz: Diese NATO hat ausgedient.

## II. Umbruch und Transformation

Seit dem Ende des Kalten Krieges ist die NATO ein Bündnis in permanenter »Transformation« – so der Ausdruck für ihre Anpassung an die neuen Zeiten. Als Etikett wurde er 2004 sogar dem früheren *Allied Command Atlantic* in Norfolk/ Virginia aufgeklebt: *Allied Command Transformation*. Überall im Westen werden seit einigen Jahren die Armeen transformiert, reformiert, umstrukturiert – im Klartext: verkleinert, verschlankt, neu aufgestellt. Dabei wursteln die Nationen allerdings getrennt vor sich hin, in Absprache vollzogenes Vorgehen ist so gut wie gar nicht zu erkennen.

Die Transformation begann allenthalben mit einer Schrumpfkur der Streitkräfte. Ohne Unterschied waren die Bündnispartner darauf aus, die ersehnte Friedensdividende einzustreichen. Ein einschneidender Abbau der Truppenstärke war die Folge. Zwischen 1990 und 1995 sank sie bei den europäischen NATO-Mitgliedern von 3,5 auf 3,0 Millionen, in den USA von 2,2 auf 1,6 Millionen, im wiedervereinigten Deutschland von rund 545 000 auf 350 000. Im gleichen Zeitraum ging der Anteil der Verteidigungsausgaben am Bruttoinlandsprodukt im europäischen NATO-Durchschnitt von 2,82 auf 2,26 Prozent zurück, in den USA von 5,33 auf 3,84 Prozent, in der Bundesrepublik von 2,82 auf 1,71 Prozent. In den folgenden 15 Jahren setzte sich der Schrumpfungstrend stetig fort. Im Jahre 2011 beliefen sich Europas Verteidigungsausgaben auf 180 Milliarden Euro (261 Milliarden US-$), 1,74 Prozent des BIP. Im ersten Jahrzehnt des 21. Jahrhunderts waren sie um 15 Prozent zurückgegangen, während sie in Ostasien sprunghaft um 70, in den Vereinigten Staaten um 80 Prozent anstiegen. Die Mannschaftsstärke der US-Streitkräfte lag 2010 bei 1,563 Millionen, in NATO-Europa lag sie bei 1,6 Millionen. In der

Bundesrepublik dienten vor der Aussetzung der Wehrpflicht noch 225 000 Männer und Frauen.

Der Schrumpfung folgte die Strukturreform. Die Umwandlung der Streitkräfte von Wehrpflichtarmeen zu Berufsarmeen war nach dem Ende des Ost-West-Konflikts der nächste große Transformationsakt. Nach und nach haben 24 der mittlerweile 28 NATO-Staaten die Wehrpflicht abgeschafft. Großbritannien hatte dies schon 1963 getan, die Amerikaner nach dem Vietnamkrieg 1973, wiederum zehn Jahre später auch Spanien. Nach der großen Zeitenwende gingen Belgien (1994), die Niederlande (1996), Frankreich (2001), Portugal (2004), Dänemark (2005) und Italien (2005) zur Freiwilligenarmee über. Elf der zwölf seit 1999 neu in die NATO aufgenommenen ost- und südosteuropäischen Mitglieder – Bulgarien, Rumänien, Slowenien, Kroatien, Litauen, Lettland, Polen, Tschechien, die Slowakei, Ungarn und Albanien – schafften alle den Zwangswehrdienst zwischen 2004 und 2010 ab. Zuletzt setzte die Bundesrepublik Deutschland die Wehrpflicht aus; seit Mitte 2011 ist die Bundeswehr eine Freiwilligenarmee. Am obligatorischen Wehrdienst halten nur noch vier NATO-Staaten fest: Griechenland und die Türkei (die im Lichte ihrer mühsam gezügelten Erbfeindschaft in erster Linie gegeneinander rüsten), Norwegen und Estland.

Im gleichen Zeitraum wurden die Stationierungskräfte der Verbündeten in Deutschland einschneidend vermindert. Die Amerikaner speckten ihre Garnison nach 1989 von 350 000 schrittweise auf 43 000 Mann der Army und 18 000 Soldaten der Air Force ab, die Briten verringerten ihre Rheinarmee auf 18 000, die Franzosen sind seit 2008 nur noch mit 3600 Soldaten an den Stützpunkten der Deutsch-Französischen Brigade vertreten.

Auch die NATO selber hat sich die Parole »Transforma-

tion« ans Panier geheftet. Dreimal nach dem Kalten Krieg –
2002, 2007 / 2008 und 2011 – reformierte sie ihre Kommandostrukturen, und zweimal – 1999 und 2010 – verpasste sie
sich ein neues »Strategisches Konzept«. Wirklich schlüssig
ist indes weder der Strukturumbau noch das Strategiekon-
zept. Sie beruhen beide auf Prämissen und Kompromissen,
die entscheidende Erwägungen aussparen, sachfremden Kriterien Vorrang einräumen und das Gemeinte (oder Nicht-
Gemeinte) nur in blutleere, verkleisterte Natokratensprache
kleiden.

Beim ersten Umbau der Kommandostruktur wurde die
operative Führungsebene durch die Einsetzung eines einzigen Einsatzkommandos gestrafft, des *Allied Command
Operations* (ACO). Auf strategischer, operativer und taktischer Ebene unterhalten die Militärs indes weiterhin sieben
Hauptquartiere, geografisch von Dänemark bis Neapel und
von Lissabon bis Izmir sorgsam über das Bündnisgebiet in
Europa verstreut; es soll ja keiner zu kurz kommen.

Dem Einsatzkommando wurde in Norfolk / Virginia das
bereits erwähnte *Allied Command Transformation* (ACT) zur
Seite gestellt. Dessen zentrale Aufgabe ist es, die ständige
Modernisierung der militärischen Strukturen, der Streitkräfte, ihrer Fähigkeiten und Einsatzgrundsätze anzuleiten,
Ausbildung und Training zu verbessern, neue Konzepte
samt ganzheitlichen Ansätzen zu entwickeln und die Effek-
tivität des Bündnisses durch erhöhte »Interoperabilität« der
NATO-Streitkräfte zu fördern.

Für Außenstehende ist es unmöglich zu beurteilen, wie
nützlich und notwendig das Norfolk-Kommando wirklich
ist. Was sie wahrnehmen, ist immer noch eine verwirrende
Fülle von Subkommandos, Agenturen, Komitees, Zentren
und Workshops. Wohl wurde 2002 die Zahl der Dienstpos-
ten auf 16 000 reduziert; 2007 / 2008 folgte eine Reduzierung

auf 13 000 und eine Verringerung der Hauptquartiere auf 20. Die dritte Reform im Juni 2011 vereinfachte dann die Strukturen ein weiteres Mal, senkte die Zahl der Hauptquartiere von fünfzehn auf sieben und beschnitt den Personalumfang auf 8900.

Doch allein die Gliederung des ACT-Hauptquartiers weckt Zweifel, ob dies alles so – oder überhaupt – sein muss. Da gibt es eine Kommandeurgruppe, ein Transformationsdirektorat, ein Transformationsunterstützungsdirektorat, ein Ausbildungsdirektorat, schließlich die nationalen Verbindungsoffiziere. Außerdem sind dem *ACT* eine Vielzahl von Einrichtungen unterstellt. Dem NATO-Rat unterstehen neben dem *Military Committee* das *Defence Planning Committee* und das *Nuclear Planning Committee* weitere drei Dutzend Ausschüsse, Arbeitsgruppen und High Level Groups, die sich mit einschlägigen Themen wie Proliferation, konventioneller Rüstungskontrolle, Infrastruktur, Logistik, Pipelines, Ressourcen, Wirtschaft und Standardisierung befassen. Andere beschäftigen sich mit exotischeren Fragen: Propaganda (wie man *public diplomacy* wohl übersetzen darf), den Herausforderungen der modernen Gesellschaft oder den Feinheiten der Archivhaltung und der Dokumentenfreigabe. Da jede Einrichtung ihre eigene Abkürzung hat, von ACCS und CNAD über NAAG, NAFAG und NAMSA bis SCEPC und VVC, nimmt sich das Organigramm des Bündnisses in den Augen des normalen Menschen wie ein Kessel Buchstabensuppe aus. Helmut Schmidt hat absolut recht, wenn er die NATO einen »Riesenkraken von Bürokratie« nennt.

Nicht viel durchschaubarer als die Organisationsstruktur ist das »Strategische Konzept« der Atlantischen Allianz. In den vergangenen zwei Jahrzehnten ist es dreimal erneuert worden. Das erste Mal – 1991 noch vor der Auflösung der Sowjetunion – machte die alte Strategie mit ihrer Festlegung auf Vorneverteidigung und flexible Erwiderung einer Strategie ohne Gegner und einem »umfassenden Sicherheitsansatz« Platz. Das sicherheitspolitische Umfeld wurde neu definiert. An die Stelle der »Hauptbedrohung der Vergangenheit« traten Risiken, die »ihrer Natur nach vielgestaltig« sind und »aus vielen Richtungen« kommen, »was dazu führt, dass sie schwer vorherzusagen sind«. Die Risiken ergaben sich für die NATO »weniger aus der Wahrscheinlichkeit eines kalkulierten Angriffs auf das Hoheitsgebiet der Bündnispartner« als vielmehr aus »Instabilitäten«, »der Verbreitung von […] Massenvernichtungswaffen und ballistischen Flugkörpern«, dem Vorhandensein großer Militärarsenale, die (wieder) gegen die NATO gerichtet werden könnten, oder auch »der Unterbrechung der Zufuhr lebenswichtiger Ressourcen sowie von Terror- und Sabotageakten«. Solche Risiken sah die NATO noch 1991 in Osteuropa und dem GUS-Raum, aber auch schon am südlichen Mittelmeer und im Nahen Osten. Zugleich deutete sich bereits die Ausrichtung des Bündnisses auf Einsätze *out of area* an: Die Sicherheitspolitik des Bündnisses müsse, so hieß es, auch den »globalen Kontext« berücksichtigen.

Außer den für die kollektive Verteidigung erforderlichen Streitkräften sollte die NATO genug Soldaten »vorhalten«, wie die Militärs sagen, um zusätzlich zwei große Krisenreaktions-Unternehmen außerhalb des Bündnisgebietes durchzuführen. Zielvorgaben für die entsprechende Streitkräfteplanung wurden in den folgenden Jahren unter dem windigen Titel *Level of Ambition* formuliert – ein auf peinliche Weise treffender Ausdruck, denn auf den meisten Feldern blieb es bei Ambition pur: unerfülltem Ehrgeiz.

Im November 1999 verabschiedeten die damals 19 NATO-Regierungen ein neues »Strategisches Konzept«, das die inzwischen eingetretenen Veränderungen der Sicherheitslage berücksichtigte. Das Konzept nannte einen groß angelegten konventionellen Angriff »höchst unwahrscheinlich«, rechnete jedoch immer noch mit der Möglichkeit, dass sich eine solche Bedrohung längerfristig aufs Neue entwickeln könnte. Zugleich wurden dem Auftrag der Territorialverteidigung nun Krisenreaktionseinsätze zur Konfliktverhütung und Konfliktbewältigung im erweiterten Sicherheitsumfeld des »euro-atlantischen Raums« hinzugefügt. Die Ausrichtung auf Einsätze »weit vom Heimatstandort und auch jenseits des Bündnisgebietes« wurde unterstrichen durch den Wegfall des noch in dem Konzept von 1991 enthaltenen Satzes: »Dieses Strategische Konzept bekräftigt erneut den defensiven Charakter des Bündnisses.« Nun hieß es: »Einige Länder im und um den euro-atlantischen Raum sehen sich ernsten wirtschaftlichen, sozialen und politischen Schwierigkeiten gegenüber. Ethnische und religiöse Rivalitäten, Gebietsstreitigkeiten, unzureichende oder fehlgeschlagene Reformbemühungen, die Verletzung von Menschenrechten und die Auflösung von Staaten können zu lokaler und selbst regionaler Instabilität führen« und damit zu Krisen, die »die euro-atlantische Stabilität berühren, sowie zu menschlichem Leid und bewaffneten Konflikten«. Diese Formulierungen decken jedweden Eventualfall ab. Sie verpflichten zu nichts, aber sie erlauben alles.

Elf Jahre später wurde dies noch deutlicher. Beim Lissabonner Gipfel im November 2010 verabschiedete die Allianz ihr neuestes »Strategisches Konzept«. Es versuchte, die höchst unterschiedlichen nationalen Perspektiven der mittlerweile 28 Mitgliedstaaten in Einklang zu bringen. Kein Wunder, dass es ohne Fokus und Zuspitzung blieb und viele konkrete Fragen offenließ. Kollektive Verteidigung, Krisenmanagement vor, während oder nach Konflikten und Sicherheitskooperation führt das Dokument als zentrale Aufgaben auf – konkreter wird es nicht. Wiederum wird die NATO als bedeutsames Konsultationsforum gerühmt – was keiner unterschreiben dürfte, der je die kleinkarierten Sitzungen in Brüssel miterlebt hat, in denen Abteilungen und Unterabteilungen stundenlang über die Formulierung eines einzigen Absatzes ringen und selbst im Rat die Diskussion aktueller Fragen sorgsam vermieden wird. Weiter heißt es, zur Abschreckung werde das Bündnis an Atomwaffen festhalten, solange solche Waffen existieren – die »Global Zero Initiative« wird damit leichthin abgetan, die fragwürdige Fortdauer der Stationierung taktischer Atomwaffen in Europa unter den Teppich gekehrt. Das Konzept kündigt den Aufbau einer bündnisweiten Raketenabwehr an, des Weiteren die Übernahme einer begrenzten Rolle bei der Entdeckung und Abwehr von Cyber-Angriffen und das Streben nach der Fähigkeit, kritische Energie-Infrastruktur und Transitlinien oder Durchgangsgebiete schützen zu können – was immer das bedeutet. Auch soll als Bindeglied zu nicht militärischen Partnern ein »bescheidener« Apparat zum zivilen Krisenmanagement aufgebaut werden, um der lahmenden Strategie der »vernetzten Sicherheit« auf die Beine zu helfen. Ausdrücklich wird auf der Basis der Gegenseitigkeit auch eine »wirkliche strategische Partnerschaft mit Russland« anvisiert.

Das klingt alles nicht schlecht. Wer jedoch das »Strategische Konzept« von Lissabon unbefangen liest, wird sich des Eindrucks schwerlich erwehren können, dass es sich dabei um eine reine Wunschliste handelt. Wortreichtum, Wiederholsamkeit und Wolkigkeit müssen einen eklatanten Mangel an Einigkeit und Konkretion verdecken. Vor allem jedoch: Die »Euro-Atlantic area« als Interessensphäre und mithin Operationsraum der NATO wird auf vielen Seiten mehrfach erwähnt, eine geografische Abgrenzung dieses Raumes wird aber nirgends erkennbar. Die US-Außenministerin Madeleine Albright hatte 1998 das Bündnis vage als eine »Kraft des Friedens vom Mittleren Osten bis nach Zentralafrika« definiert, was territorial alles offenließ; immerhin stellte ihr Stellvertreter Strobe Talbott einmal beruhigend klar: »Niemand schlägt vor, dass wir NATO-Truppen auf die Spratley-Inseln entsenden.« Nach Artikel 6 des Washingtoner Vertrags erstreckt sich das Bündnisterritorium freilich nur auf die Landgebiete der Mitgliedstaaten und die zu ihnen gehörenden Atlantikinseln nördlich des Wendekreises des Krebses samt ihren Streitkräften, Schiffen und Flugzeugen in diesem Raum. So haben es die Parlamente einst gebilligt. Einer Ausweitung haben sie nie förmlich zugestimmt. Schlimmer noch: Sie haben öffentlich nie ausführlich und tiefschürfend darüber diskutiert. Die klammheimliche Erweiterung des NATO-Aktionsradius wurde ihnen einfach untergejubelt.

Bei aller Reformiererei ist die Antwort auf die zentrale Frage jeglicher zeitgemäßer Verteidigungs- und Sicherheitspolitik bisher im Bündnis unbeantwortet geblieben: Wie lässt sich den neuen strategischen Herausforderungen gerecht werden, denen wir uns zwei Jahrzehnte nach dem Ende des Kalten Krieges gegenübersehen? Was sind dies überhaupt für Herausforderungen? Wer fordert wen heraus und womit? Was ist dagegen zu unternehmen und von wem? Sind die neuen Bedrohungen wirklich für alle gleich gefährlich, muss daher ein jedes Bündnisland sich darauf einstellen und dagegen wappnen? Soll die NATO ein Hilfsorgan der Vereinten Nationen werden oder sich bloß in deren Dienst stellen, wenn es den eigenen Interessen dient? Bedarf es gemeinsamer Abwehrstrukturen von weltweiter Reichweite, sollte sich die NATO also zum *globocop* wandeln, zum Weltgendarmen? Oder bliebe die Bewahrung des Friedens in den verschiedenen Erdteilen besser den jeweiligen Regionalorganisationen überlassen?

## III. Altes Bündnis sucht neuen Auftrag

Der Zusammenbruch des Sowjetimperiums versetzte die NATO in die gleiche Lage, in der sich vor Zeiten die alten Griechen gegenüber den Persern befanden. Der griechische Dichter Konstantinos Kavafis (1863–1933) hat diese Lage in einem denkwürdigen Vers beschrieben: »Einige Leute kamen von den Grenzen / und sie sagten, dass es dort keine Barbaren mehr gibt. / Und was soll nun werden aus uns ohne Barbaren? / Diese Kerls waren doch eine Art von Lösung …«

Seitdem die Erkenntnis sich durchsetzte, dass der Kalte Krieg endgültig vorbei war, die Front verschwunden, der Feind abgezogen – seitdem gleicht die NATO einem Hammer auf der Suche nach Nägeln: ein Militärbündnis, das verzweifelt nach neuen Aufträgen sucht.

Zunächst dachten die NATO-Planer wohl daran, der Allianz die Aufsicht über die Transformation Osteuropas von der Kommandowirtschaft zur freien Marktwirtschaft zu übertragen. Das war von Anfang an ein hoffnungsloses Unterfangen. Zwar hatte der Artikel 2 des Washingtoner Vertrages von 1949 die Verbündeten vage ermahnt, ihre wirtschaftliche Zusammenarbeit zu fördern, doch war diesem Artikel nie Leben eingehaucht worden. Für derlei Aufgaben war die NATO auch gänzlich ungeeignet. Dann konzentrierte sie sich auf »Stabilitätstransfer« nach Osten und nahm neun ehemalige Ostblockstaaten als neue Mitglieder auf. Auch kamen die Verbündeten überein, eine Kooperationspartnerschaft mit Russland aufzubauen; dem sollten der NATO-*Russia Founding Act* und der Russland-NATO-Rat dienen. Diesem Ansatz stand allerdings die gleichzeitig robust und ohne Rücksicht auf russische Empfindlichkeiten vollzogene Ost-Erweiterung des Bündnisses massiv entgegen. Die zeitweilig zumal von Washington angestrebte Aufnahme

Georgiens und der Ukraine in die NATO brachte den Annäherungsprozess fast zum Erliegen. Die Russen sahen in der Ausweitung des westlichen Bündnisses auf ihre nächste Nachbarschaft den Bruch einer Zusage, die der sowjetische Präsident Gorbatschow am 9. Februar 1990 glaubte von US-Außenminister James Baker erhalten zu haben – nicht ganz zu Unrecht, wenn man der Darstellung von Ronald Asmus folgt. Aus den amerikanischen Akten zitiert er Bakers Frage, was Moskau vorziehe: ein wiedervereinigtes Deutschland außerhalb der NATO ohne eine US-Militärpräsenz oder ein Deutschland mit Bindungen an die NATO plus der Zusage, dass das NATO-Gebiet keine Ausdehnung nach Osten erfahre. Gorbatschow erwiderte, er werde diese verschiedenen Wahlmöglichkeiten überdenken, setzte jedoch hinzu: »Ganz sicher ist jedwede Ausdehnung des NATO-Gebiets unannehmbar.« Bakers Antwort: »Ich stimme zu.« Rodric Braithwaite, damals britischer Botschafter in Moskau, bestätigt diese Darstellung. »Wir haben die NATO trotz unserer gegenteiligen mündlichen Zusagen nach Osten erweitert«, schrieb er in der *Financial Times* vom 22. Dezember 2011.

Immer wieder haben sich die Russen, als es um die Einbeziehung der früheren Ostblockstaaten in die Atlantische Allianz ging, auf Bakers – zugegebenermaßen etwas unklare – Aussage bezogen. Erst als Präsident Obama den *Reset*-Knopf drückte, bahnte sich eine leichte Entspannung an. Doch der Neustart geriet bald ins Stocken. Das Verhältnis zwischen Russland und der NATO harrt nach wie vor einer grundsätzlichen Klärung.

Um der Allianz eine neue Zweckbestimmung zu verpassen, bot sich schon gleich nach dem Kollaps der Sowjetunion die Idee an, die geografische Eingrenzung des Vertragsgebietes auf die in der Gründungsurkunde definierte atlantische Region aufzuheben und das Aktionsfeld der

NATO auf den ganzen Globus auszudehnen. Der Regional-schutzmann sollte zumal nach den amerikanischen Vorstel-lungen zum Weltgendarmen werden. Die Losung dafür gab 1993 der US-Senator Richard Lugar aus: *out of area or out of business.*

Schon bei der Gründung der Allianz hatte Dean Ache-son klargemacht, dass die Sicherheit der Vereinigten Staaten nicht anhand von Grenzlinien definiert werden könne: »Eine ernste Gefährdung des internationalen Friedens, wo auch immer auf der Welt, berührt uns ganz direkt.« Außer den Briten gab niemand sonst eine ähnliche Erklärung ab. Mitte der 1960er Jahre musste der stellvertretende US-Außenmi-nister George Ball einräumen: »Die Bereitschaft, weltweite Verantwortung zu übernehmen, ist in der NATO-Mitglied-schaft keineswegs durchgängig vorhanden.« Zwar erörterte der NATO-Rat häufig Ereignisse außerhalb des Bündnisge-bietes – gemäß der Erklärung des Unterstaatssekretärs im Pentagon, Robert Komer, dass die westliche Allianz in einem globalen Umfeld agiere und daher auch im Gesamtrahmen einer globalen Allianzstrategie denken müsse. Doch setzte Komer erläuternd hinzu, angesichts der unterschiedlichen Größe, Fähigkeiten und Mittel, angesichts auch der unter-schiedlichen Verwundbarkeit und Gefährdung in gemeinsa-men Unternehmen werde das Verhalten der Bündnispartner »von Konflikt zu Konflikt, von Region zu Region« abwei-chend ausfallen: »Nicht alle müssen sich in allen weltweiten Angelegenheiten engagieren und in jedem Fall Standpunkt beziehen, der die USA betrifft.« Er regte eine Arbeitsteilung an, bei der sich jedes Mitglied nach seiner Betroffenheit, in Abwägung der Risiken, Lasten, Kosten sowie Vergeltungs-möglichkeiten und im Einklang mit seinen innenpolitischen Umständen entscheiden könne.

Nach dem Ende des Kalten Krieges wurden die Amerikaner dieser lockeren Handhabung überdrüssig. Immer stärker drängten sie darauf, den NATO-Aktionsradius auszudehnen. Nach den Vorstellungen von Senator Lugar sollte nun aus dem einstigen Verteidigungsbündnis ein Expeditionsbündnis werden – eine Allianz nicht mehr primär, ja ausschließlich zur Sicherung der territorialen Unverletzlichkeit ihrer Mitglieder, sondern für bewaffnete Interventionen weit jenseits der NATO-Grenzen, nach Ansicht mancher Leute für militärisches Eingreifen rund um die Welt. Er glaubte, dass die NATO ohne den Gegner Sowjetunion ihre Daseinsberechtigung verlieren werde, wenn sie sich keine neuen Aufgaben suche.

Bis heute wird in der NATO darüber diskutiert, wie weit sie Lugar folgen soll. Mehrfach hat sie zwar inzwischen *out of area* interveniert. Zunächst übernahm sie Friedensmissionen im Auftrag der Vereinten Nationen; danach erteilte sie sich gelegentlich auch selber das Mandat zu friedenserzwingenden Operationen. Schließlich ließ sie sich in Afghanistan wie in Libyen in die Pflicht nehmen – von den Amerikanern in Afghanistan, obwohl die nach 9/11, als die Allianz zum ersten Mal in ihrer Geschichte den Bündnisfall ausrief, auf das Hilfsangebot aus Brüssel weder mit Empfangsbestätigung noch mit Dank reagiert hatten; von Franzosen und Briten in Libyen, die mit Präsident Obamas Segen aus der Verhinderung eines Massakers eine Kampagne zum Sturz Gaddafis machten. Eine grundsätzliche Neuausrichtung auf grenzenloses bewaffnetes Einschreiten rund um den Globus bleibt indes umstritten.

Wer sich die Interventionen ansieht, auf die sich das Bündnis insgesamt oder auch einzelne NATO-Staaten in den zurückliegenden 20 Jahren eingelassen haben, kann nur zu dem Schluss gelangen, dass sie ein recht fragwürdiges Mittel der Politik sind. Gleichgültig, ob sie mit oder ohne Mandat der Vereinten Nationen begonnen wurden, aus humanitären Gründen, aus vermeintlich zwingenden, eingebildeten oder auch tatsächlichen nationalen Interessen – sie haben sich Mal für Mal als schwieriger erwiesen denn anfänglich angenommen. Es ist eine ernüchternde Erfahrung: Sie dauern allemal länger; sie werden kostspieliger und verlustreicher als ursprünglich gedacht; und sie gehen nie so aus, wie die politischen und militärischen Planer dies in ihrer professionellen Einfalt vorausgesetzt hatten.

Ein Blick auf die wichtigsten Interventionen der vergangenen zwei Jahrzehnte bestätigt dieses Urteil: Irak 1991, Somalia 1992/95, Bosnien-Herzegowina 1994/95, Kosovo 1999, Afghanistan seit 2001, Irak 2003–2011, Kongo 2006, Libyen 2011. Mit gemischten Gefühlen gingen die westlichen Mächte in diese Unternehmungen hinein, und nur mit gemischten Gefühlen lassen sich die Ergebnisse betrachten.

# IV. Out of area – out of business?

Das Ausgreifen der NATO-Partner über die Bündnisgrenzen hinaus nahm schon wenige Jahre nach dem Ende des Ost-West-Konflikts in Somalia seinen Anfang. Dort wurde 1991 der Diktator Siad Barre gestürzt – der nämliche, der 1977 die Erstürmung der von Terroristen gekaperten und auf dem Flughafen Mogadischu gelandeten Lufthansa-Maschine »Landshut« durch die GSG-9 erlaubt hatte. In Mogadischu kam es zu schweren Kämpfen zwischen verfeindeten Milizen. Eine Hungersnot forderte Hunderttausende von Toten, anderthalb Millionen Somalier verloren ihr Zuhause. Die Welt war entsetzt. Vier Resolutionen verabschiedete der UN-

Sicherheitsrat, die alle das Ziel hatten, den Frieden wiederherzustellen und durch *nation-building* Stabilität zu schaffen. Nacheinander wurden mehrere internationale Militärmissionen nach Somalia entsandt, UNITAF erst, dann UNOSOM I *(Operation Restore Hope)*, zuletzt 1993 UNOSOM II *(Operation Continue Hope)* – 22 000 Soldaten aus 34 Ländern, darunter Tausende von Amerikanern und, von April 1993 bis März 1994, in Belet Huen auch 1700 Soldaten der Bundeswehr zur logistischen Unterstützung einer indischen Kampfbrigade (die dann nie eintraf). Der Auftrag der UNOSOM: Waffenruhe zu erzwingen und so ein sicheres Umfeld für humanitäre Hilfe zu schaffen. Später wurde er – ein erstes Beispiel von *mission creep* – auf die Wiederherstellung von Frieden, Stabilität, Recht und Ordnung und die Förderung des politischen Prozesses im Lande erweitert.

Die *Operation Continue Hope* nahm freilich ein katastrophales Ende. Am 3. Oktober 1993 starben in einem zwölfstündigen Feuergefecht – *Black Hawk Dawn* – 18 US-Soldaten, 78 erlitten Verwundungen. Mehrere getötete Amerikaner wurden halb nackt an den Füßen durch die Straßen Mogadischus geschleift. Die grausigen Fernsehbilder schockierten die Weltöffentlichkeit. Genau ein halbes Jahr später zogen die Amerikaner ruhmlos ab. Die anderen folgten. Im März 1995 wurde UNOSOM II beendet.

In den siebzehn Jahren, die seitdem vergangen sind, ist Somalia nicht zur Ruhe gekommen. Eine funktionierende Zentralregierung ist nie entstanden. Das Land ist in drei Teile zerfallen, relativ ruhig die abgespaltene Republik Somaliland und das autonome Puntland im Norden, von 6000 Shabab-Rebellen kontrolliert der Süden und die Mitte. Die Kämpfe zwischen rivalisierenden Clans und Stämmen hören nicht auf. Immer wieder brechen Hungersnöte aus. Weder der somalischen Armee noch den AMISOM-Truppen der Afrikanischen Union aus Burundi und Uganda, noch dem im Oktober 2011 einmaschierten kenianischen Militär oder der äthiopischen Armee will es gelingen, Ruhe und Ordnung zu schaffen. Somalia ist zum Inbegriff eines gescheiterten Staates geworden. Den Interventionen der frühen 1990er Jahre war ein nachhaltiger Erfolg ebenso wenig beschieden wie den sieben bisherigen internationalen Friedenskonferenzen. Den Handel treibenden Seefahrtnationen ist überdies in letzter Zeit in der Piraterie eine zusätzliche Bedrohung erwachsen. Von Jahr zu Jahr haben sich die somalischen Küstenbewohner immer stärker auf Seeräuberei verlegt. Im Jahre 2011 griffen sie 237 Schiffe an, von denen sie 28 in ihre Gewalt brachten. Geschätzte Schadenssumme allein für dieses eine Jahr: 6,6 bis 6,9 Milliarden Dollar.

Die Lehre aus Somalia: Es hat keinen Sinn, in Ländern militärisch einzugreifen, in denen Stammesdenken und Clan-Egoismus traditionsgemäß jegliches gesamtstaatliches Empfinden überwiegen. In solchen Ländern ist *nation-building* nach westlichem Muster vergebliche Liebesmüh.

In begrenztem Maße gilt die Diagnose »vergebliche Liebesmüh« auch für den ersten Golfkrieg im Jahre 1991. Nach dem irakischen Überfall auf Kuwait war dieser Krieg – *Operation Desert Storm* – völkerrechtlich durch ein Mandat der Vereinten Nationen legitimiert. Über 100 000 Luftangriffe zermürbten den Irak. Eine von den USA geführte Koalitionsstreitmacht aus 34 Ländern, fast eine Million Mann stark, davon 73 Prozent Amerikaner, befreite Kuwait binnen vier Tagen und zerschlug in den folgenden fünf Wochen die Militärmaschine des irakischen Diktators. Saddam Hussein allerdings durfte vorerst an der Macht bleiben, weil Präsident Bush – der Ältere – sich nicht die Probleme aufhalsen wollte, die mit der Übernahme der ganzen Macht in Bagdad verbunden gewesen wären. Ein Versuch der CIA scheiterte, im Irak einen Putsch gegen Saddam Hussein anzuzetteln. Daraufhin erhoben die USA das Emirat Kuwait zum *major non-NATO ally* und richteten dort einen Militärstützpunkt ein, in dem neuerdings 15 000 US-Soldaten Dienst tun – »um Iran in Schach zu halten und Amerika gegen andere Bedrohungen in der Region zu wappnen«, so General James Mattis vom U.S. Central Command. Eine Demokratie ist aus dem Wüstenscheichtum trotz einiger verheißungsvoller Ansätze nicht geworden. Im benachbarten Königreich Bahrain aber, wo die amerikanische 5. Flotte in Manama ihr Hauptquartier aufgeschlagen hat, wurde der Arabische Frühling 2011 mit Hilfe saudischer Panzer niedergewalzt. Der Westen beschränkte sich auf gedämpfte Empörung.

Der erste Golfkrieg war ein klassischer *war of necessity*, ein notwendiger Krieg, um dem Völkerrecht Genüge zu tun, den Status quo ante wiederherzustellen und Kuwait zu befreien. Er fand überwältigende internationale Unterstützung und konnte sich auf ein UN-Mandat stützen. Der Feldzug war ein militärisches Glanzstück. Seine politische Zielsetzung blieb beschränkt: Saddam Hussein wurde niedergekämpft, doch nicht gestürzt. Eine Demokratisierung der Region leitete der Krieg nicht ein; dies war auch nicht die Absicht.

Die Koalitionstruppen – allen voran 540 000 amerikanische Soldaten, 43 000 Briten, 18 000 Franzosen – hatten 1991 den Persischen Golf kaum verlassen, da begann es auf dem Balkan zu brodeln. Dort griff die NATO im letzten Jahrzehnt des 21. Jahrhunderts zweimal zu den Waffen, um dem gewalttätigen Ethno-Nationalismus des serbischen Diktators Slobodan Milošević ein Ende zu setzen: 1994/95 wegen Bosnien-Herzegowina, 1999 wegen Kosovo. In beiden Fällen hat das militärische Eingreifen der Allianz Frieden geschaffen, aber bisher nicht den gewünschten politischen Erfolg gebracht. Stabilität und saubere, wirksame Regierungsführung lassen auf sich warten. Allerdings haben die Europäer, die auf dem Balkan inzwischen die Verantwortung tragen, nur eine Wahl: nämlich Dortbleiben und Festbleiben.

## Bomben auf Belgrad

Der erste Balkankrieg der NATO entstand aus dem Zerfall Jugoslawiens, genauer: Er war die Reaktion des Westens auf die grausamen Auflösungskriege, in die, ein Jahrzehnt nach Titos Tod, Präsident Slobodan Milošević mit seinen großserbischen Vorherrschaftsgelüsten den Staat der Südslawen gestürzt hatte. Deutschland war wiedervereinigt, der Eiserne Vorhang verschwunden, der Warschauer Pakt zerplatzt, die Sowjetunion am Zerbrechen. In den Jahren 1990/91 ging auch in Jugoslawien der Kollaps des Kommunismus einher mit dem Verfall der gesamtstaatlichen Strukturen. Die Umwandlung der Föderation in eine Konföderation misslang, und einer »samtenen Scheidung« wie in der Tschechoslowakei verweigerte sich der Belgrader Diktator. Vielmehr verschärfte er im Kosovo, dessen in der Verfassung garantierte Autonomie er 1989 aufgehoben hatte, die Unterdrückung der albanischen Kosovaren, die dort 90 Prozent der Bevölkerung stellten.

Vor allem die Kroaten und Slowenen befürchteten ähnliche serbische Übergriffe. Am 25. Juni 1991 erklärten sie die Unabhängigkeit ihrer Republiken. Zwei Tage darauf schlug die serbisch-jugoslawische Armee gegen Slowenien los. Die Slowenen allerdings wehrten sich und erzwangen einen von der EU vermittelten Waffenstillstand. Statt innezuhalten, weitete Milošević den Krieg nun auf Kroatien aus. Seine Armee besetzte ein Drittel des Staatsgebiets und vertrieb die einheimischen Kroaten. Drei Monate lang wurde das Städtchen Vukovar belagert, ständig unter Artilleriebeschuss genommen und regelrecht ausgehungert; von den 10 000 Einwohnern kamen 2000 ums Leben. Im Oktober beschossen die Serben sogar Dubrovnik, die als Weltkulturerbe ausgezeichnete »Perle der Adria«.

Danach nahm Milošević Bosnien-Herzegowina ins Visier. Seine Armee besetzte die nördlichen und östlichen Landesteile, 70 Prozent der Republik, und begann eine mörderische Kampagne der ethnischen Säuberung. Ungezählte kroatische und muslimische Bosnier wurden eingesperrt, gefoltert, umgebracht; Vergewaltigungen waren an der Tagesordnung. Drei Jahre lang scheiterten alle Friedensbemühungen der Vereinten Nationen, der EU und der USA. 1000 Tage belagerten die Serben Sarajevo. Die vom UN-Sicherheitsrat als *safe havens* – sichere Schutzzonen – deklarierten Städte Goražde, Bihać, Žepa und Srebrenica fielen eine nach der anderen in serbische Hand. Die grausigen Vorgänge in Srebrenica, wo holländische UN-Soldaten hilflos mit ansahen, wie 8000 muslimische Männer einen Marsch antreten mussten, der in ihrer brutalen Hinmordung endete, wird als schlimmste Gewalttat seit 1945 in Europas Gedächtnis eingebrannt bleiben.

Nach langem Hin und Her beschloss die NATO im Sommer 1995, weitere Angriffe auf die Schutzzonen, aber auch auf das belagerte Sarajevo, mit Luftschlägen zu beantworten. Ein neuerliches Massaker in der bosnischen Hauptstadt löste die Vergeltung aus. In der *Operation Deliberate Force* wurden militärische Ziele der Serben in ganz Bosnien-Herzegowina aus der Luft bombardiert. Danach erst lenkte Milošević ein, stimmte einem Waffenstillstand zu und begab sich nach Dayton / Ohio, wo auf einem US-Stützpunkt binnen drei Wochen unter stärkstem amerikanischem Druck ein Friedensabkommen ausgehandelt wurde. Es beendete einen Krieg, der 225 000 Menschen das Leben kostete; in dessen

Verlauf 2,5 der vier Millionen Einwohner entwurzelt wurden, 1,1 Millionen sich ins Ausland retten mussten. Allein in Sarajevo waren 10 500 Menschen gestorben, 150 000 aus der Stadt geflohen.

Durch ihr Eingreifen beendete die NATO vorerst den jugoslawischen Auflösungskrieg. Allerdings ist der Frieden in Bosnien noch nicht stabil. Die Lage ist äußerlich ruhig, aber unter der Oberfläche brodelt es. Bosnien ist nach wie vor ein Provisorium – und obendrein ein funktionsunfähiges Gebilde, dem im Dayton-Abkommen Verfassungsmechanismen eingebaut worden sind, die zu einer Totallähmung des Staates geführt haben. Ein verwirrendes Nebeneinander und Durcheinander von Körperschaften und Institutionen schwächt den Gesamtstaat: Zwei »Entitäten« blockieren einander, die Gebietseinheiten Republika Srpska und die Kroatisch-Bosnische Föderation, Letztere aufgespalten in zehn Kantone, davon drei mit kroatischer Mehrheit. Wohl ist es in sechzehn Jahren gelungen, einheitliche Nummernschilder, einheitliche Pässe und eine einheitliche Währung einzuführen. Aber noch immer leistet sich das Land drei Präsidenten, eine Vielzahl von Parlamenten und Ministern, dazu einen aufgeblähten dreifachen Verwaltungsapparat. Wenn eine Entität einer Maßnahme oder einem Gesetz ihre Zustimmung verweigert, bewegt sich nichts. Die Entitäten sind nicht Gebietseinheiten geworden, sondern einander paralysierende Volksgruppenverbände. Flüchtlinge sind nur wenige zurückgekehrt; die Ergebnisse der ethnischen Säuberungen sind zementiert.

## Krieg um Kosovo

Schon vier Jahre nach dem Dayton-Abkommen musste die NATO in ihren zweiten Krieg gegen Milošević ziehen. Diesmal ging es um den Kosovo, ein Thema, das in Dayton mit Fleiß ignoriert worden war.

Die Aufhebung der Autonomie des Kosovo war nur der Anfang gewesen. »Jede Nation hat eine Liebe, die allzeit ihr Herz erwärmt«, tönte Milošević im November 1988. »Für Serbien ist dies Kosovo.« Und 600 Jahre nach der verlorenen Schlacht gegen die Osmanen, am St. Veitstag 1989, appellierte er auf dem Amselfeld an den serbischen Nationalstolz und drohte unverhohlen mit »neuen Schlachten« gegen die Muslime. Unerbittlich betrieb er danach die Serbisierung der Provinz. Sein Ziel war es, die ethnische Zusammensetzung der Bevölkerung – 90 Prozent Albaner, 10 Prozent Serben – zu verändern. Die Angehörigen der albanischen Mehrheit wurden von allen öffentlichen Ämtern und Arbeitsplätzen ausgeschlossen, 115 000 verloren ihre Stelle. Nicht genug damit, wurde eine Art Apartheid über sie verhängt. Notgedrungen richteten sie sich daraufhin in einer Parallelgesellschaft mit eigenem Bildungssystem, eigener Gesundheitsversorgung und eigener Steuererhebung ein. Auch hielten sie Wahlen ab und sprachen sich 1991 in einer Volksabstimmung mit übergroßer Mehrheit für die Unabhängigkeit des Kosovo aus. Zugleich setzten sie eine Exilregierung ein, die bis zum Schluss unter dem Premierminister Bujar Bukoshi in Bonn residierte.

Zunächst verschrieben sich die Kosovaren, angeführt von dem Schriftsteller Ibrahim Rugova und seiner LPK, einer Strategie der Gewaltlosigkeit. Je länger diese jedoch ohne Wirkung blieb, desto stärker setzte sich zumal in der jungen Generation die Überzeugung durch, dass nur gewaltsames Vorgehen die Aufmerksamkeit der Staatengemeinschaft erregen könne. Im Laufe des Jahres 1997 begann die *Kosovo Liberation Army* (KLA, albanisch UCK) mit Guerilla-Aktionen. Die Serben reagierten darauf mit noch größerer Brutalität.

Alle diplomatischen Bemühungen um eine Eindämmung des Konflikts schlugen fehl – die des US-Unterhändlers (und Dayton-Architekten) Richard Holbrooke gleichermaßen wie jene der europäischen »Kontaktgruppe«, in der die Stimme des deutschen Außenamts-Staatssekretärs Wolfgang Ischinger beträchtliches Gewicht hatte. Der letzte Versuch, im Februar 1999 in Rambouillet, scheiterte an der Weigerung Miloševićs, der Stationierung einer NATO-Friedenstruppe im Kosovo zuzustimmen.

Am 24. März machte die NATO ihre Drohung wahr und flog die ersten Luftangriffe gegen serbische Truppen im Kosovo. Die zur Feier des 60-jährigen Bestehens der NATO in Washington versammelten Staats- und Regierungschefs beschlossen dann, die Bombenangriffe auf das eigentliche Serbien auszuweiten. Bis zum 10. Juni unternahmen Luftwaffeneinheiten aus 13 Ländern 38 400 Einsätze, darunter 10 484 Kampfeinsätze (vier von fünf flog die US Air Force, die am 7. Mai auch die chinesische Botschaft in Belgrad bombardierte). Sieben Donaubrücken wurden zerstört, neun Hauptverkehrsstraßen unpassierbar gemacht, große Teile des Telekommunikationssystems, der Medienzentren und Fabriken in Schutt und Asche gelegt, ferner 80 Prozent der Raffineriekapazität und 70 Prozent der Stromerzeugung zerschlagen.

Die NATO hatte irrigerweise unterstellt, dass Milošević nach wenigen Tagen Bombenkrieg kapitulieren und an den Verhandlungstisch zurückkehren werde. Auch hatte das Bündnis leichtfertigerweise nicht damit gerechnet, dass die Serben bittere Vergeltung an den Kosovaren üben würden, die doch eigentlich geschützt werden sollten. Binnen weniger Wochen wurden mehrere Tausend Zivilisten von der serbischen Armee getötet. Über 860 000 wurden über die Grenzen vertrieben, rund 600 000 innerhalb des Kosovo aus ihrer Heimat gejagt. Zahllose Berichte über Vergewaltigung und Folterung, Plünderung, Brandschatzung, Erpressung und Massendeportation entsetzten die westliche Welt.

Mit ihrem Bombenkrieg konnte die NATO die Grausamkeiten nicht verhindern. Sie begann, den Einsatz von Bodentruppen zu erwägen. Dies, das Schwinden des serbischen Rückhalts an Russland, schließlich die Befürchtung, die Wirtschaft seines Landes würde total zertrümmert werden, brachte Milošević schließlich dazu, dem Ergebnis einer deutschen Initiative zuzustimmen. Danach musste Belgrad seine Truppen, die serbische Polizei und sämtliche paramilitärischen Einheiten aus dem Kosovo abziehen, sich dort mit der Stationierung internationaler Truppen und Zivilbehörden abfinden und in die Rückkehr der Flüchtlinge einwilligen. Immerhin konnte Milošević heraushandeln, dass nicht die NATO im Kosovo einrückte, sondern die UN; dass der Kosovo ein Teil Jugoslawiens blieb; und dass russisches Militär an der *Kosovo Force* (KFOR) teilnahm. Legitimiert durch die Resolution 1244 des UN-Sicherheitsrates, hielten die KFOR mit 35 000 Mann und als Verwaltungsbehörde der Vereinten Nationen die UNMIK Einzug in der verwüsteten Provinz. Sie sollten Ruhe und Ordnung wiederherstellen, die Rückkehr der Flüchtlinge flankieren und den Minderheiten Schutz bieten, den Wiederaufbau beaufsichtigen und eine Administration aufbauen, die bis zu einer endgültigen politischen Regelung funktionieren konnte.

Zum Teil ist dies auch gelungen, aber eben nur zum Teil. Aus einer Nichtnation ist im Jahre 2008 weder durch die Unabhängigkeitserklärung des Kosovo noch durch die Übergabe der Verantwortung von den Vereinten Nationen an die Europäische Union eine Nation geworden. Der junge Staat ist faktisch gespalten, das vorwiegend serbisch besiedelte Gebiet nördlich des Ibar-Flusses wird von Belgrad aus regiert und finanziert. Ein Ausgleich mit Serbien ist nicht in Sicht und erscheint denkbar auch nur, wenn Belgrad nachgibt, um EU-Mitglied werden zu können. Zwölf Jahre nach dem Krieg stehen noch immer 6200 KFOR-Soldaten aus 30 Ländern im Kosovo, wobei die Bundeswehr mit 1300 Mann das größte Kontingent stellt. Weiterhin kommt es immer wieder zu Gewaltausbrüchen, zu Unruhen und Zusammenstößen. Aber auch die innere Entwicklung des Kosovo, dessen 2008 erklärte Unabhängigkeit inzwischen 80 Länder anerkannt haben, darunter 22 der 27 EU-Mitglieder, ist in vieler Hinsicht unbefriedigend. Reformen zur Stabilisierung kommen nicht voran. Der Frust über ihre Lage frisst an den Menschen: die hohe Arbeitslosigkeit, bis zu 60 Prozent bei der Jugend; das zunehmende Elend der Dörfer; die faktische Abspaltung der serbisch besiedelten und von Belgrad ausgehaltenen Landstriche nördlich des Ibars, der die Stadt Mitrovica teilt. Serbische und albanische Schmugglerbanden, die mit Zigaretten, Drogen und Frauen handeln, betreiben den einzig florierenden Geschäftszweig; die Korruption blüht. Bei einem Besuch in Priština musste Bundeskanzlerin Merkel Ende 2011 einräumen: »Leider ist aus einer über lange Zeit sehr ruhigen Region wieder ein Krisenherd geworden.«

Die Lehre aus den Balkankriegen: Der Übergang von Krieg und Despotie zu Frieden und Demokratie ist allemal ein schwieriges Unterfangen. Weder für Bosnien-Herzegowina noch für den Kosovo ist die Bilanz befriedigend. Dennoch: Beide Interventionen waren geboten und gerechtfertigt. Wohl gab es für den ersten Krieg gegen Milošević keine völkerrechtliche Unbedenklichkeitsbescheinigung in Gestalt eines UN-Mandats. Aber soll sich der Westen, wenn es um Europas Hinterhof – oder Vorgarten – auf dem Balkan geht, wirklich von den Großmacht-Querelen und Kleinstaaten-Quengeleien im Sicherheitsrat abhängig machen? Sicher nicht. Und trotz aller Unzufriedenheit mit der gegenwärtigen Situation – aus Bosnien-Herzegowina kann sich die EU ebenso wenig zurückziehen wie aus dem Kosovo. Beide Gebiete liegen der Brüsseler Gemeinschaft zu nahe. Neuerliche gewaltsame Auseinandersetzungen auf dem Westbalkan würden abermals Hunderttausende von Flüchtlingen über die Grenzen zu uns treiben. Hier hilft nur eines: durchhalten und notfalls durchgreifen, politisch, wirtschaftlich und, wenn die örtlichen Protagonisten es darauf anlegen, auch militärisch.

Falsch war hier nicht die Intervention, falsch war lediglich, dass die beiden Balkan-Protektorate der Europäischen Union viel zu früh in die Eigenständigkeit entlassen wurden – eine Eigenständigkeit, der sie bei Weitem noch nicht gewachsen waren und der sie ohne die politische Gestaltungsmacht der EU in absehbarer Zeit auch schwerlich gewachsen sein werden. Die Union sollte sich zu massivem Einwirken aufraffen, anstatt sich weiter von korrupten, eigensüchtigen und widerborstigen Lokalgrößen auf der Nase herumtanzen zu lassen. Denn auf dem Balkan steht mehr als das Ansehen der EU auf dem Spiel. Es geht um die Fähigkeit der Union, unruhige Regionen in ihrer unmittelbaren Nachbarschaft dauerhaft zu befrieden, zu stabilisieren und zu demokratisieren. Was in Afghanistan zum Scheitern verurteilt sein mag – hier *muss* es gelingen.

### Wahlaufsicht im Kongo: vergebens

Vier Jahre nach der Kosovo-Kampagne brach Präsident George W. Bush den zweiten Irakkrieg vom Zaun – eine fatale Entscheidung. Doch bevor wir darauf näher eingehen, der Vollständigkeit halber ein kurzer Seitenblick auf die Kongo-Mission der EU im Jahre 2006. Es war ein aus den edelsten

Motiven gespeistes, doch letztlich überflüssiges, erfolgloses, unnützes Unternehmen. Seit 1996 tobte in der Demokratischen Republik Kongo ein Bürgerkrieg, dem über vier Millionen Menschen zum Opfer fielen. 16 000 MONUC-Blauhelme aus Bangladesch, Indien, Nepal und Südafrika – die bis dahin größte UN-Friedensmission – bemühten sich vergeblich, der Gewalt ein Ende zu setzen.

Um die für 2006 anberaumten Parlaments- und Präsidentschaftswahlen in der Hauptstadt Kinshasa abzusichern, entsandten die Europäer auf Bitten der Vereinten Nationen die 2000 Mann starke EUFOR RD Congo. Daran beteiligten sich 21 EU-Staaten und die Türkei. Mit 780 Soldaten war die Bundeswehr dabei; ein deutscher General übernahm sogar die Führung. Einen zu Buche schlagenden Beitrag zu Stabilität, Rechtsstaatlichkeit und guter Regierungsführung konnte die EUFOR freilich nicht leisten. Nach vier Monaten zog sie ab, ohne dass die Spannungen im Lande gelöst gewesen wären. Der Kongo ist ein *failing state* geblieben, ein Chaosstaat in jedem Fall.

## Bushs Wunschkrieg gegen Saddam Hussein

Und der Irak, den die Vereinigten Staaten 2003 mit Krieg überzogen? Es war kein *war of necessity*, sondern ein *war of choice*, ein Wunschkrieg, den sich sogenannte »Sicherheitsintellektuelle« wie Paul Wolfowitz und Richard Perle schon jahrelang erträumt hatten. Nun fanden sie in Vizepräsident Cheney einen Mitstreiter und in George W. Bush einen Präsidenten, der sich der Idee verschrieben hatte, zur Abwehr unmittelbar drohender Gefahren Präventivkriege zu führen. Eine solche unmittelbare Gefahr existierte mitnichten – sie wurde buchstäblich herbeigelogen. Weder hatte Saddam Hussein Verbindungen zu al-Qaida, noch war er im Besitz von Massenvernichtungswaffen. Aber nach dem Willen Bushs sollte sein Regime gestürzt und nicht nur der Irak, sondern die ganze Mittelostregion in eine demokratische Zukunft geführt werden. Am 19. März 2003 holten die Amerikaner zum Angriffsschlag aus – diesmal ohne UN-Mandat.

Die *Operation Iraqi Freedom* dauerte bis zum 14. April. Bereits am 1. Mai landete Präsident Bush auf dem Deck des Flugzeugträgers *Abraham Lincoln* und zeigte sich vor einem Transparent mit der Aufschrift »Mission Accomplished« großspurig in Siegerpose – Auftrag erledigt. In Wahrheit war nichts erledigt. Es dauerte noch acht Jahre und neun Monate, bis die Amerikaner abziehen konnten (die Briten hatten sich schon 2009 zurückgezogen). Im Morgengrauen des 18. Dezember 2011, genau 3196 Tage nach dem Beginn der *Operation Iraqi Freedom*, verließ die Nachhut der U.S. Army den Irak – »wie Diebe in der Nacht«, schrieb *Le Monde*. Präsident Obama, der das üble Erbstück von seinem unseligen Vorgänger übernommen hatte, feierte – was blieb ihm schon anderes übrig? – den »Erfolg« des Unternehmens. Es habe »einen souveränen Irak, stabil und autonom« gezeitigt. Aber was war das für eine Souveränität, für eine Stabilität, für eine Autonomie?

Die Bilanz der Intervention ist verheerend. Auf amerikanischer Seite: an die 4500 Gefallene, 32 000 Verwundete, zigtausend schwer traumatisierte Kriegsveteranen, Kriegskosten zwischen 750 und 1000 Milliarden Dollar, dazu der Verlust der moralischen Kommandohöhen im Foltergefängnis von Abu Ghraib und in Guantanamo. Auf irakischer Seite: seit dem US-Einmarsch im Jahre 2003 nach der Zählung der unabhängigen Organisation *Iraqi Body Count* 162 000 Tote, vier Fünftel davon Zivilisten, die in dem Konfessionskrieg zwischen sunnitischen und schiitischen Extremisten unter den Augen der US-Besatzungsmacht umkamen; 125 000 Todesopfer nannte das irakische Innenministerium Mitte 2011. Dazu kommen 1,75 Millionen Vertriebene – jeder zehnte Iraker; ein Alltag, der überschattet ist von blutigen Bombenanschlägen; nicht zuletzt die faktische Teilung des Landes in drei Machtzonen: eine schiitische, eine sunnitische und ein Kurdengebiet. Weder ist eine friedvolle Zivilgesellschaft entstanden noch eine blühende Wirtschaft in dem ölreichen Land. Eine Modelldemokratie ist, obwohl es Wahlen gegeben hat, der Irak ebenfalls nicht geworden. Die Regierung des der schiitischen Minderheit angehörigen Ministerpräsidenten Nuri al-Maliki ist zerfressen von Korruption und Rechtlosigkeit. Für die Amerikaner hat al-Maliki nicht viel übrig; wie Karzai in Afghanistan benutzt er sie, liebt sie aber nicht. Al-Malikis Irak, de facto mit Teheran verbündet, das ihm jahrelang Asyl gewährt hatte, wird seinen eigenen, von den USA unabhängigen Weg gehen.

Der Diktator Saddam Hussein und sein abscheuliches Regime sind gestürzt worden; das muss jeden mit Genugtuung erfüllen. Aber die Frage drängt sich auf: War der *dumb war,* der blöde Krieg – so der Noch-nicht-Präsident Obama im Jahre 2002 –, wirklich die menschlichen und materiellen Kosten wert? Die strategischen Konsequenzen des Konflikts sind gravierend. Er lenkte ab von Afghanistan. Er stieß die Vereinigten Staaten tief in den Abgrund der Staatsverschuldung, während die fortschreitende Militarisierung des Denkens eine sträfliche Vernachlässigung der inneren Probleme des Landes bewirkte. Geopolitisch ist der eigentliche Gewinner des Krieges der Iran. Und noch steht im Zweistromland wie im übrigen Orient der Beweis aus, dass Araber pluralistische, demokratisch verfasste Gesellschafts- und Staatsordnungen schaffen können, in denen die Unterschiede und Gegensätze der Stämme, Sekten, Parteien friedlich überbrückt werden: durch Kompromiss statt Konfrontation.

Im Irak ist es noch lange nicht so weit, und es ist fraglich, ob es je dazu kommt. Die Amerikaner waren noch keine 24 Stunden abgezogen, da stürzte das Land in eine tiefe Krise. Die Koalition von Sunniten und Schiiten geriet ins Wanken. Bagdad erlebte einen Gewaltausbruch nach dem anderen. Abermals versank der Irak im Sumpf der Konfessionskämpfe. Das Land bleibt zersplittert. Wann – und ob überhaupt – es je zur Einheit und zu innerem Frieden findet, steht dahin.

Die Lehren aus dem zweiten Golfkrieg: Der Ausgang der amerikanischen Intervention kann einen schwerlich ermutigen, anderswo auf ähnliche Weise Veränderung zu erzwingen. Er zeigt: Der Wandel, den das Eingreifen auswärtiger Mächte auslöst, ist selten von der Art, die sie anvisiert haben. Durchweg ist die Entwicklung geprägt von der Geschichte, der Kultur, den eingeschliffenen Gewohnheiten und Reflexen der Länder, in die man sich einmischt. Sie erweisen sich in der Regel als stärker als jede fremde Prägung. Bajonette, Raketen und Drohnen können da nur wenig ausrichten.

Wie es aussieht, werden sich diese Einsichten auch in Afghanistan bewahrheiten.

### Afghanistan: Verteidigung durch Vergeltung

Nach den Terroranschlägen der al-Qaida vom 11. September 2001 war ein amerikanischer Vergeltungsschlag unausweichlich; dort hatten die Taliban Osama bin Laden eine Aktionsbasis gegeben. Am 2. Oktober unterschrieb Präsident Bush den Einsatzplan für das Unternehmen *Enduring Freedom*. Mit Angriffen amerikanischer Marschflugkörper, Jagdbomber und Langstreckenbomber begann am 7. Oktober der Krieg. Er war nicht nur moralisch gerechtfertigt, sondern auch völkerrechtlich durch ein Mandat des UN-Sicherheits-

rates legitimiert. Aber die Legitimität und Legalität des Vor-
gehens reichte allein nicht aus, um einen Sieg zu garantieren.
Im elften Jahr nach Beginn der Intervention ist er ferner denn
je. Auf dem Schlachtfeld mag der Krieg vielleicht nicht zu
verlieren sein, aber zu gewinnen ist er auch nicht mehr. Von
Jahr zu Jahr haben sich die Aussichten verdüstert.

Der ursprüngliche UN-Auftrag lautete, al-Qaida auszu-
schalten, die Infrastruktur der Terroristen, vor allem ihre
Ausbildungslager, zu zerstören und die terroristischen Um-
triebe in Afghanistan zu beenden. Dies gelang mit Hilfe der
Kriegsherren der Nordallianz auch binnen weniger Wochen.
Die Taliban zahlten einen hohen Blutzoll, als die Warlords
mit ihren Milizen über sie herfielen. Bis zum Jahresende 2001
waren alle großen Städte befreit. Von *nation-building* wollte
Bush damals nichts wissen, ihm ging es, wie er sagte, um
Gerechtigkeit, womit wohl zuvörderst Vergeltung gemeint
war. Indes wurde *nation-building*, obwohl in der archaischen
Stammesgesellschaft des Landes nie ein Staat existiert hatte,
dann doch zum Ziel erhoben. Die Durchsetzung der Menschenrechte, die Befreiung der Frauen, Rechtsstaatlichkeit
und *good governance* sollten Afghanistan zur Vorzeigedemo-
kratie westlichen Maßstabs machen.

Davon war freilich bald keine Rede mehr. Das hehre Ziel
verblasste zur vagen Hoffnung. Die Interventionsmächte
visierten fortan einen Zustand an, den sie »Sicherheit mit
afghanischem Gesicht« nannten. Man wolle einen Prozess
einleiten, der zum Übergang führe, hieß es nun. Doch
gleichzeitig sind die Zweifel mächtig gewachsen, dass sich
die Hoffnung auf einen Übergang zur Demokratie erfüllen kann. Von Jahr zu Jahr erschien es immer fragwürdi-
ger, dass es gelingen könne, jene »selbsttragende Sicherheit
und Stabilität« zu schaffen, die es den Afghanen erlaubt, ihr
Schicksal in die eigenen Hände zu nehmen. Die für 2014

angekündigte »Übergabe der Verantwortung in Verantwortung« nahm sich mehr und mehr als ein Wettlauf der Interventionsmächte nach dem Ausgang aus.

Wie die Ziele, so wandelten sich im Laufe von zehn Jahren auch die Strategien. Anfänglich glaubte das Pentagon, allein mit Angriffen aus der Luft und 300 Elitesoldaten werde es gelingen, al-Qaida zu »enthaupten« und die Terroristen aus ihren Rückzugsgebieten zu vertreiben. Die Jagd auf Osama bin Laden scheiterte zunächst zwar in Tora-Bora; er entkam nach Pakistan, wo er zehn Jahre später, im Mai 2011, von einem Stoßtrupp der Navy Seals erschossen wurde. Doch die Taliban wurden entmachtet. Das erste Kontingent der ISAF-Truppe war dann keine 6500 Mann stark. Der Auftrag dieser *International Stabilization and Assistance Force* war eng begrenzt: Sie sollte die Interimsregierung Karzai und die Mitarbeiter der UN-Behörde UNAMA in Kabul schützen. Im Jahre 2003 wurde der Aktionsraum jedoch auf ganz Afghanistan ausgeweitet. Zugleich wurde die ISAF-Führung der NATO aufgedrückt, was die Amerikaner allerdings nicht daran hinderte, das Heft fest in der Hand zu behalten. Afghanistan wurde ein NATO-Krieg, aber die NATO hatte wenig zu sagen. In erster Linie diente sie dem Pentagon als multilaterales Feigenblatt. Die jeweilige nationale US-Strategie – sie änderte sich mit jedem neuen Oberkommandierenden in Kabul – wurde automatisch zur Strategie des Bündnisses. *Counterinsurgency* (COIN) war zuletzt die Parole, Bekämpfung der Aufständischen. Aus der Schutztruppe wurde eine Kampftruppe. Anfangs spielten sich die Gefechte vor allem im Süden ab, doch seit drei Jahren ist der Norden – wo die Bundeswehr mit neun Provinzen einen Verantwortungsbereich übernommen hat, der halb so groß ist wie Deutschland und mit seinem östlichen Zipfel an die chinesische Grenze stößt – ebenfalls zur Kampfzone geworden. Der mantrahaft wiederholte militärische Auftrag – *clear, hold, build*, die Taliban aus einem Gelände vertreiben, das Gelände halten und dort dann Aufbauarbeit leisten – hat nur zeitweilig und regional begrenzt in die Wirklichkeit umgesetzt werden können.

Seit 2005 verfolgt die NATO unverändert das gleiche Ziel: »eine eigenständige, moderate und demokratische afghanische Regierung, die in der Lage ist, unabhängig ihre souveräne Autorität in ganz Afghanistan auszuüben«. Auch dieses Ziel ist inzwischen in immer weitere Ferne gerückt. Nur amtliche Redenschreiber und Statistik-Jongleure halten es überhaupt noch für erreichbar. Die ständige Aufstockung der Militärs hat daran nichts ändern können.

Noch 2006 lag die Personalstärke der ISAF bei 8000 Uniformierten aus 40 Ländern. Bis Ende 2007 wuchs sie auf 44 000, bis 2009 auf 67 000 Mann. Nach Obamas *surge*, der Aufstockung der US-Expeditionstruppe um 30 000 GIs im Jahre 2010, standen Anfang 2011 rund 130 000 Soldaten aus 48 Ländern am Hindukusch, davon 100 000 US-Amerikaner, für deren Krieg das Pentagon jährlich 120 Milliarden Dollar ausgab. Gebracht haben die aufeinander folgenden Verstärkungsschübe außer vereinzelten taktischen Vorteilen nicht viel. Im Gegenteil: Je mehr ausländische Soldaten ins Land kamen, desto mehr Anschläge wurden gegen sie verübt: Selbstmordattentate, Attacken aus dem Hinterhalt auf Patrouillen, Raketen- und Mörserangriffe auf Feldlager, der Einsatz von Sprengfallen. Und umso schwieriger wurde es, die »Herzen und Hirne« der Afghanen zu gewinnen. Wiederum wurden die fremden Truppen zunehmend als Besatzer wahrgenommen, nicht mehr als Befreier.

Die ISAF-Kriegsführung ist daran nicht unschuldig. Nächtliche Razzien, irrtümliche Bombardierungen von Hochzeitsfeiern, Kinderprozessionen und harmlosen Feldarbeitern schaffen ebenso wenig Popularität wie fehlgeleitete Drohnenangriffe; da helfen auch eilfertig nachgeschobene Entschuldigungen nichts. Die Herzen erobert man auf diese Weise nicht. Die Leichenschändung an getöteten Taliban, die Koran-Verbrennungen, erst in Florida durch einen eifernden Pfarrer, dann in Bagram durch US-Soldaten, schließlich der mörderische Amoklauf eines GIs, dem 16 Zivilisten, meist Frauen und Kinder, zum Opfer fielen, haben die ISAF in den Augen vieler Afghanen vollends zum Buhmann gemacht.

Die traurige Wahrheit ist: Die internationalen Truppen kämpfen für ein Volk, das sie nicht mehr will – wenngleich viele sich auch vor ihrem Abzug ängstigen. Der Hass auf die Fremden wächst. Übrigens auch der Unmut Karzais. Immer öfter drischt er auf die Verbündeten ein. In einem seiner Wutanfälle verstieg er sich zu der krassen Äußerung, wenn Pakistan in einen Krieg mit Amerika verwickelt würde, stünde er an der Seite der Pakistaner. Ein andermal nannte er die Amerikaner »Dämonen«.

Gewiss hat es in zehn Jahren Fortschritte gegeben. Die Statistiken lesen sich eindrucksvoll. Danach genießen 80 Prozent der Bevölkerung nun eine gesundheitliche Grundversorgung – zehn Mal mehr als 2001. Die Säuglingssterblichkeit ist um ein Drittel zurückgegangen, sogar die Lebenserwartung ist geringfügig angestiegen. Die Zahl der Schulbesucher stieg von 1,1 auf über 6 Millionen, darunter 2 Millionen Mädchen. Ein Drittel der Straßen ist nun asphaltiert. Von 13 auf fast 30 Prozent stieg der Anteil der Menschen, die Zugang zu sauberem Trinkwasser haben. Die Stromversorgung ist besser geworden. Schon Ende 2008 gab es 8 Millionen Handys. Schaut man freilich hinter die nackten Zahlen, so erweist sich die Präzision der Statistiken oft als illusionär.

Gravierende Unterschiede zwischen der papierenen Statistik und der Wirklichkeit sind gerade beim Aufbau der afghanischen Sicherheitskräfte zu erkennen. Im Dezember 2011 wurde ihre Stärke – Armee und Polizei – mit 305 000 Mann angegeben; ihr »Aufwuchs«, wie die Militärs sagen, auf 352 000 Mann war beschlossene Sache. Aber auch auf diesem Felde beschrieben die Zahlen bestenfalls die halbe Realität. Die Armee musste sich mit Rekruten, die Polizei mit Anwärtern herumschlagen, die zu 80 Prozent Analphabeten waren. Desertion ist weiterhin ein riesiges Problem; ein Drittel der Rekruten macht sich vor dem Ende der Ausbildung aus dem Staub. Drogengebrauch ist endemisch; bei der Hälfte, wenn nicht gar bei drei Vierteln der Soldaten gehört er nach offiziellen US-Angaben zum Alltag. Soldaten und Polizisten stehlen Opium und plündern, wo niemand hinschaut. Korruption verseucht vor allem die Polizei, die an Kontrollposten oder bei Fahrzeugkontrollen »Maut« erhebt – für die eigene Tasche wie für die der Vorgesetzten. Unter den Polizisten, deren Monatsgehalt inzwischen von 50 auf 200 Dollar angehoben wurde, hat sich die Zahl der Deserteure verringert, doch sterben viele im Dienst – 1400 wurden 2011 umgebracht, fast die Hälfte der jährlich Ausgebildeten. Und sowohl in die Armee wie in die Polizeieinheiten schleichen sich immer häufiger Taliban-Anhänger ein, die dann ganz plötzlich zur Waffe greifen und einen oder mehrere ISAF-Kameraden rüde umlegen. Das »Partnering«, der gemeinsame Patrouilleneinsatz mit afghanischen Soldaten, ist zusehends zum Himmelfahrtskommando geworden.

Was die Afghanische Nationalarmee betrifft, so musste das Pentagon 2011 in einem »Fortschrittsbericht« eingestehen, dass bis dahin noch keine einzige Einheit in der Lage war, selbstständig zu handeln; dass die Hälfte nur an der Seite ausländischer Truppen in den Einsatz gehen kann; dass ein Drittel präsente Militärberater der ISAF brauchte. Die Initiativlosigkeit der Armee ist ebenso ein Problem wie ihre chronische Kampfschwäche. Hingegen nimmt die Kampfkraft der Taliban zu. Knall auf Fall beschloss Präsident Obama Anfang 2012, die bislang angestrebte Höchststärke der afghanischen Sicherheitskräfte von 352 000 Mann drastisch zu senken: Nur noch 228 000 will er, da ihm die bisher geplanten Zuschüsse von jährlich 4,1 Milliarden Dollar zu viel geworden sind. Die angestrebte Sicherheit mit afghanischem Gesicht macht diesen Beschluss vollends zur Schimäre. Überdies wirft er die beängstigende Frage auf, ob die Auszumusternden nicht einfach ins gegnerische Lager überlaufen.

Die Sicherheitslage ist ja schon heute, wo noch 140 000 ISAF-Truppen am Hindukusch stehen, mehr als prekär. Die NATO-Statistik weist zwar weniger Zwischenfälle aus, doch wird ihre Richtigkeit stark bezweifelt. Die UN-Behörde UNAMA und das *Afghanistan NGO Safety Office* legen viel höhere Zahlen vor. Und die Anschläge sind mit der Zeit immer dreister geworden. Vor Angriffen auf die deutsche, die indische, die amerikanische Botschaft, das britische Kulturzentrum, auf Star-Hotels in Kabul, auf CIA-Zentralen, UN-Büros und selbst das ISAF-Hauptquartier schrecken die Taliban nicht zurück.

Das Karzai-Regime hat den Aufständischen nichts entgegenzusetzen. Transparency International nennt es das zweitkorrupteste Land der Erde, gleich nach Somalia. Es gibt kaum eine staatliche Dienstleistung, für die der Bürger nicht blechen und bluten muss. Der Skandal bei der Kabul Bank ist nur die Spitze des Eisbergs: Das Institut vergab für 900 Millionen Dollar Kredite an Regierungsprominenz. Wirtschaftlich geht es nicht voran. Das Bruttoinlandsprodukt beläuft sich in dem rohstoffreichen Land auf ganze 17 Milliarden. Zu 80 Prozent wird der Staatshaushalt –

Umfang: 4,8 Milliarden Dollar – von der Staatengemeinschaft alimentiert: Ein Gutteil der Hilfe für Entwicklung und Sicherheit (seit 2002 rund 192 Milliarden Dollar, 2010: 17,5 Milliarden) fließt in dubiose Taschen. Die Arbeitslosigkeit liegt bei 40 Prozent; auf der Rangliste des Prokopfeinkommens steht das Land an 219. Stelle.

Kläglich versagt hat die Regierung Karzai zudem bei der Bekämpfung des Schlafmohnanbaus wie der Opium- und Heroinproduktion. Auch die ISAF hat hier nur flüchtige Teilerfolge aufzuweisen. Nach wie vor ist Afghanistan ein Narko-Staat. Vier Fünftel des weltweit angebauten Mohns und 90 Prozent des weltweiten Angebots an Heroin stammen von dort. Insgesamt warf der Opiumhandel nach Schätzung der Weltbank 4 Milliarden Dollar ab. Davon gehen UN-Angaben zufolge 10 Prozent an die aufständischen Taliban, 20 Prozent an die Bauern, der Rest an die *drug traffickers*, die Polizei, an örtliche Machthaber und Beamte, die dafür gegenüber der Drogen-Mafia gern ein Auge zudrücken.

Auch in Afghanistan ist also die Bilanz betrüblich. Keine der nacheinander verfolgten Strategien hat den gewünschten Erfolg gebracht. Wohl heißt es seit einigen Jahren, der Krieg sei allein militärisch nicht zu gewinnen, nötig sei ein Vorgehen nach dem Prinzip der »vernetzten Sicherheit«, ein enges Zusammenwirken von Militär und zivilen Stellen. Eine effektive Koordinierung ist jedoch nie zustande gekommen. Einige Dutzend internationaler Organisationen, Hilfswerke und NGOs tummeln sich in dem geplagten Land und geraten sich dabei dauernd ins Gehege. Nirgendwo laufen die Fäden zusammen. Nicht einmal zwischen ISAF und UNAMA gibt es eine funktionierende Zusammenarbeit.

Es wäre schön, glauben zu dürfen, durch Gespräche mit den benachbarten Mächten der Region wäre dem Frieden näher zu kommen. Davon ist zwar viel die Rede, doch von ernsthaften Bemühungen um eine regionale Friedenskonferenz war bisher nichts zu spüren. Sie wären wahrscheinlich auch von vornherein aussichtslos gewesen. Zu stark spielen die offenen oder versteckten Friktionen und Feindschaften des Umfeldes in die Lösung des afghanischen Problems hinein: das angespannte amerikanisch-iranische Nichtverhältnis; die Animosität zwischen Indien und Pakistan; die indisch-chinesische Rivalität; nicht zuletzt die von Jahr zu Jahr stärker sichtbar werdenden geopolitischen Verwerfungslinien, an denen sich China und Amerika im Pazifik Gewehr bei Fuß gegenüberstehen.

Auch Gespräche mit den Taliban, eine innere Versöhnungspolitik also, sind nicht unbedingt der Ausweg. *Die Taliban gibt es nicht.* Die islamistische Bewegung ist zersplittert. Manche ihrer Anführer mögen sich zu Friedensgesprächen herbeilassen, aus Überzeugung oder aus Käuflichkeit. Nicht zuletzt auf vermittelnde deutsche Einwirkung hin haben sie nach einem runden Dutzend geheimer Vorgespräche (die meisten davon in Deutschland) mittlerweile in Qatar ein Verbindungsbüro eingerichtet. Doch andere Taliban-Gruppierungen werden in Unversöhnlichkeit verharren – vor allem, wenn die Alliierten planmäßig versuchen, ihren Anführern mit Drohnen den Garaus zu machen. Die Leute zu bombardieren, mit denen man verhandeln will, macht wenig Sinn. Dann warten sie doch lieber ab, bis die fremden Truppen das Land verlassen haben – frei nach dem Motto: »Ihr habt Uhren, wir haben Zeit.«

Aber selbst wenn sich die Gesprächswilligen durchsetzten und zu wirklichen Ausgleichsgesprächen herbeiließen – wer dürfte schon annehmen, dass am Ende ein Kompromiss stünde, der allen westlichen Erwartungen entspricht? Ohne massive Abstriche an unseren Maximalvorstellungen wird es eine Einigung nicht geben. Das Beste, worauf wir in Afghanistan hoffen dürfen, ist eine Art von *Taliban lite* – ein islamisches Regime, das fromm ist, aber nicht eifernd und geifernd; das an seinen religiösen Wertvorstellungen festhält, doch auch Toleranz für Andersdenkende aufbringt; das, zum Beispiel, Mädchen den Schulbesuch erlaubt, auf den Burka-Zwang für Frauen verzichtet und sich mit Kopftuchverhüllung begnügt. Bisher ist nichts darüber an die Öffentlichkeit gedrungen, wo für die Interventionsmächte die Grenzen des Entgegenkommens liegen. Klar ist nur, dass Afghanistan, das ja laut seiner Verfassung eine islamische Republik ist, schon unter Karzai zusehends den Geboten der Ulema, der obersten Religionsführer, unterworfen wurde. Die erließen jüngst erst Richtlinien für das Verhalten von Frauen, die an die harschen Taliban-Gesetze erinnern. Hunderte von Frauen sitzen wegen »Sittenverbrechen« im Gefängnis, worunter meist Flucht vor häuslicher Gewalt und Zwangsheirat zu verstehen ist.

Und allen volltönenden Versicherungen der westlichen Staatsmänner zum Trotz fällt es schwer zu glauben, dass den Afghanen nach dem Abzug der Verbündeten genug militärische und zivile Unterstützung gewährt werden kann, um das unfähige, korrupte und trotzig-unverschämte System Karzai vor dem Schicksal des kommunistischen Regimes zu bewahren: Zusammenbruch und blutiges Ende, sobald die schrankenlose Hilfe von außen entfällt. Damals war dies die Unterstützung Moskaus, nach deren Wegfall Präsident Mohammad Nadschibullah nur noch knapp drei Jahre im Amt überlebte; 1992 suchte er Zuflucht im UN-Hauptquartier in Kabul; 1996 ermordeten ihn die Taliban und hängten seine Leiche an einer Betonplattform für Verkehrspolizisten auf.

Noch ist völlig unklar, wie viel Unterstützung die Staatengemeinschaft – letztlich mithin: der Westen – Afghanistan nach dem Abzug der fremden Truppen weiterhin zu leisten bereit (oder zu leisten imstande) ist: an militärischem Rückhalt, in erster Linie jedoch an wirtschaftlicher Aufbauhilfe. Es fehlt nicht an allgemein gehaltenen Beteuerungen, man werde die Afghanen nicht im Stich lassen. Aber die amerikanischen Verhandlungen mit Kabul über die Gestaltung der zukünftigen strategischen Partnerschaft verlaufen sehr zäh; nicht anders die deutsch-afghanischen Gespräche über ein Partnerschaftsabkommen. So ist es eine offene Frage, was die afghanische Armee noch an Ausbildung und Ausrüstung bekommen soll, vor allem aber, ob es überhaupt eine Restpräsenz ausländischer Truppen geben wird (im Irak wurde sie den Amerikanern verweigert). Die westlichen Militärs reden von 10 000 bis 40 000 Soldaten, die sich nicht mehr an Kampfeinsätzen beteiligen, sondern sich ganz auf Ausbildung und »Monitoring« beschränken sollen. Doch die Bereitschaft, weiter Truppen zu stellen, sinkt rapide. Und zur Wirtschaftshilfe hat außer Karzai noch keiner konkrete Zahlen genannt. Bei der Bonner Afghanistan-Konferenz vom Dezember 2011 meldete er bis 2025 einen jährlichen Unterstützungsbedarf von 10 Milliarden Dollar an; davon 4,1 Milliarden für die Finanzierung der Sicherheitskräfte. Damit jedoch wird das Land kaum auskommen, das ja noch immer auf ausländische Zahlungen in Höhe von 95 Prozent seines Bruttoinlandsprodukts angewiesen ist. Und es steht in den Sternen, wie sich die Erwartung erfüllen soll, binnen zwölf Jahren die Einkünfte aus den zu erschließenden Rohstoffvorkommen des Landes so weit zu steigern, dass es bis 2025 finanziell unabhängig wird. Auch fragt sich, weshalb der Westen eigentlich zahlen soll, wenn allein 2011 sage und schreibe 4,6 Milliarden Dollar mit amtlicher Erlaubnis in bar außer Landes gebracht wurden – eine Summe, die fast die Größe des Staatsbudgets erreicht. Der frühere Vizepräsident Zia Massud wurde einmal in Dubai mit einer Barschaft von 52 Milliarden Dollar im Gepäck angetroffen (und anstandslos durchgewunken).

Der langfristigen Alimentierung Afghanistans wird die Geldklemme in Amerika und Europa enge Grenzen ziehen. Die Wirtschaftskrise schwächt die Leistungsfähigkeit der Staaten, wo die Finanzschlamperei der Afghanen schon ihre Leistungsfreude stark beeinträchtigt hat. Es muss zu denken geben, dass die Amerikaner ihre jährliche Hilfe für Afghanistan bereits auf die Hälfte zusammengestrichen haben. Zwar behauptet Karzai, seine Regierung sei schon heute in der Lage, Sicherheit und Stabilität zu gewährleisten, doch ist dies reine Bramabasiererei. Er selber muss nach der Verfassung 2014 aus dem Amt scheiden, würde die Wahlen aber gern auf 2013 vorziehen, solange er noch den Schutz der ISAF genießt. Seine Nachfolge ist umstritten. Ohne die Klammer der ausländischen Militärpräsenz könnte das Land abermals im Bürgerkrieg versinken.

Nach über einem Jahrzehnt drängt sich unabweisbar die Erkenntnis auf, dass sich die gewaltige Kraftanstrengung des Westens, der hohe Blutzoll, die enormen Kosten letztlich nicht gelohnt haben. Der Satz des früheren Bundesverteidigungsministers Peter Struck, »Unsere Sicherheit wird nicht nur, aber auch am Hindukusch verteidigt«, hat angesichts der Entwicklung von Jahr zu Jahr an Überzeugungskraft eingebüßt. *Enduring Freedom* – dauerhafte Freiheit? Das NATO-Unternehmen kann sie in Afghanistan nicht liefern. Der Wettlauf zum Ausgang, überall im Westen beschleunigt durch den Blick auf bevorstehende Präsidenten- oder Parlamentswahlen, ist denn auch in vollem Gange. In den Worten des britischen Premiers David Cameron: Die Wähler wollen nun ein Endspiel mit möglichst frühem Abpfiff.

Und obwohl sich alles in einem gegen die niederschmetternde Einsicht sträubt, dass der Westen die verfahrene

Lage in Afghanistan nicht mehr dauerhaft zu seinen Guns-
ten wenden kann – es steht zu befürchten, dass am Ende
Francesc Vendrell, ein erfahrener spanischer Diplomat, der
acht Jahre lang als Sonderbeauftragter erst der Vereinten Nationen, dann der Europäischen Union in Afghanistan tätig
war, mit seiner düsteren Prophezeiung recht behalten wird:
»Nachdem wir gründlich damit gescheitert sind, uns das afghanische Volk zum Verbündeten zu machen, werden wir
sein Schicksal unweigerlich einer Kombination der Taliban
im Süden und der Kriegsherren im Norden überlassen. Ir-
gendwie werden wir uns einen Erfolg zurechtdefinieren und
dann in der Überzeugung nach Hause gehen, dass das afghanische Volk uns enttäuscht hat.«

Um ihr Gewissen wenigstens geringfügig zu erleichtern,
bleibt den Interventionsmächten nur eines: jenen Afghanen
Asyl anzubieten, die mit ihnen zusammengearbeitet haben
und Rache fürchten müssen. Mag sein, dass einige Hundert-
tausend Menschen von solch einem Angebot Gebrauch machen würden. Diese Aussicht sollte uns nicht daran hindern,
ihnen einen Rettungsring zuzuwerfen.

## Der Krieg gegen Gaddafi

Über die jüngste NATO-Intervention, das militärische Eingreifen 2011 in Libyen, lässt sich nicht viel Erbaulicheres sagen;
jedenfalls noch nicht. Nach 42 Jahren wurde der exzentrische
Tyrann Muammar al-Gaddafi gestürzt, aus seinem Palast und
Wüstenzelt in der Festung Bab al-Asisija verjagt und am Ende
von seinen aufgebrachten Landsleuten getötet – sechs Monate nachdem er Order gegeben hatte, den Revolutionsfunken,
der aus den Ländern des Arabischen Frühlings nach Libyen
übergesprungen war, gewaltsam auszutreten. Der Bürgerkrieg, den er damit vom Zaune brach, kostete nach ersten

Einschätzungen 30 000 Menschen das Leben. Niemand wird Gaddafis Ende beweinen, so barbarisch er auch von seinen aufgebrachten Landsleuten abgeschlachtet wurde.

Der Westen stand unter starkem Druck, Gaddafi in den Arm zu fallen, als der Wüstentyrann die Aufständischen in Benghasi, Misurata und anderen Städten niederzumetzeln drohte. Die Ermächtigung zu dem vor allem von Frankreich und Großbritannien betriebenen Eingreifen fand das Bündnis in der Resolution 1973 des UN-Sicherheitsrates, die am 17. März 2011 mit 10 : 0 Stimmen angenommen wurde. Fünf Staaten enthielten sich: neben Russland, China, Indien und Brasilien auch die Bundesrepublik. Berlins Beiseitestehen entsprang einer umso unverständlicheren Fehleinschätzung des wohlverstandenen deutschen Interesses, als ein Berliner Ja Deutschland in keiner Weise verpflichtet hätte, auch selber Angriffsoperationen zu unternehmen; dies taten nur sieben der 28 Verbündeten.

Die Resolution 1973 autorisierte die Einrichtung einer Flugverbotszone, ein Waffenembargo und den Einsatz »aller notwendigen Mittel« zum Schutze der bedrohten Bevölkerung; sie schloss allerdings den Einsatz von Besatzungstruppen – lies: Bodentruppen – ausdrücklich aus. Am 19. März begann mit den ersten französischen Luftangriffen der zunächst unter amerikanischem Kommando stehende internationale Militäreinsatz. Ende März schon gaben die Amerikaner ihre Führungsrolle auf, den Gesamtbefehl über die *Operation Unified Protector* übernahm die NATO. Bald zeigte sich, dass die ursprüngliche Annahme irrig war, das Unternehmen wäre »eine Frage von Tagen, nicht von Monaten«, so Frankreichs Außenminister Alain Juppé. Die Kampflugzeuge der NATO und Amerikas Drohnen mussten Gaddafis Arsenal an Waffen und Gerät gleichsam Stück um Stück ausschalten. Die täglichen Lageberichte belegen es:

12 Panzer und ein Pick-up in Misurata zerstört; im Hafen Misuratas ein Festrumpfschlauchboot mit einer Sprengstoffladung an Bord zur Explosion gebracht; ein Mehrfachraketenwerfer in Brega vernichtet – so kleinteilig wie mühselig kämpfte sich die NATO voran. Bald gingen den Franzosen und Engländern nicht nur die Bomben aus, sondern auch die Ziele.

Bis Ende Oktober flogen die 250 Flugzeuge der verbündeten Luftwaffen rund 28 000 Einsätze, ein Viertel davon Kampfeinsätze, der Rest Luftraumüberwachung oder Aufklärung. Auf die Amerikaner entfiel ein Viertel, auf Frankreich und England ein Drittel der Flüge. Die US-Luftwaffe führte nur 25 Prozent der Luftangriffe aus, setzte dabei indes 90 Prozent aller Präzisionslenkwaffen ein und erledigte 80 Prozent der Luftbetankung; die übrigen Luftwaffen – Franzosen, Briten, Belgier, Dänen und Norweger – hingegen flogen 75 Prozent der Einsätze und zerstörten 90 Prozent der über 6000 Ziele. Im Übrigen unterstützten sämtliche 28 NATO-Nationen die Operation *Unified Protector* in den Kommandostäben (auch Deutsche, wohlgemerkt; ein Bundeswehroberst leitete beim *Allied Air Command* in Izmir die Zielplanung. Und als den Verbündeten die Bomben ausgingen, lieferte die Bundeswehr 50 Stück, allerdings ohne Sprengstoff – ein weiteres bezeichnendes Beispiel deutscher Halbheiten nach dem Abzug des Marinegeschwaders zur Embargo-Überwachung und der Verlegung der AWACS-Flugzeuge mit deutschen Besatzungsmitgliedern nach Afghanistan). Spanien, Holland, Griechenland und die Türkei spielten bei der Durchsetzung der Flugverbotszone und der Seeblockade Libyens ebenfalls eine wichtige Rolle.

Das Ergebnis des 211-Tage-Krieges gegen Gaddafi? Die Diktatur wurde beendet – nicht zuletzt, weil sich die NATO zur Luftwaffe der Rebellen machte. Aber das Ziel – von

Frankreichs Verteidigungsminister Gérard Longuet als »normales Funktionieren des Staates« umschrieben – ist noch lange nicht erreicht, schon gar nicht eine funktionierende Demokratie. Der Nationale Übergangsrat sitzt nicht wirklich als nationale Zentralgewalt im Sattel; eine Vielzahl von lokalen »Revolutionsbrigaden«, die sich gegen ihre Entwaffnung wehren, machen der Interimsregierung das Regieren schwer. Waffen zuhauf sind in Händen aller, der Bürgerkrieg geht latent weiter. Scharia-Anhänger ringen mit aufgeklärten Gruppen um Einfluss. Die Menschenrechtslage hat sich nicht wesentlich verbessert. Wiederum herrscht Willkür. Aufs Neue wird gefoltert, nur sind die Folterer und die Gefolterten andere als zuvor. Marodierende Milizionäre plagen das Land; Todesgeschwader mit kaltem Vergeltungsdrang begleichen alte Rechnungen; in 66 illegalen Lagern sind 8500 Häftlinge eingesperrt. Die Berichte von Human Rights Watch, Amnesty International und *Médecins sans frontières* sind mehr als verstörend. Noch ist nicht absehbar, ob ein demokratisches System nach den Wahlen im Juni 2012 Wurzeln schlagen kann, ob eine holprig-lockere Stammeskonföderation entsteht oder ob Libyen, das ja erst 1951 als unabhängiger Nationalstaat entstanden ist, in Anarchie versinkt.

Die Libyen-Intervention bestätigte den bisherigen Befund: Verlauf und Wirkung eines militärischen Eingreifens von außen sind im Vorhinein nie verlässlich einzuschätzen. Aber sie brachte auch einige neue, in ihrer aktuellen Eindringlichkeit schockierende Erkenntnisse über den Zustand der Atlantischen Allianz.

1. Die Luftschläge der Alliierten zerstörten ein Gutteil von Gaddafis Infrastruktur. Es zeigte sich jedoch, dass der Krieg nicht ohne Bodentruppen zu gewinnen war. Da

die NATO sich nicht auf die Entsendung von *boots on the ground* einzulassen gedachte, musste sie durch Spezialkräfte, die schon früh eingesetzt wurden, durch den Fallschirmabwurf von Waffen und durch Ausbilder aus Qatar oder den Vereinigten Arabischen Emiraten erst die Truppen der Rebellen in Form bringen lassen. Das kostete viel Zeit – sieben Monate anstelle der anfänglich gedachten paar Tage.

2. Ein weiteres Mal zeigte sich, dass die NATO von aktionshungrigen Mitgliedern gleichsam gekapert werden kann, in diesem Falle von Nicolas Sarkozy und David Cameron. Die Kriegsentscheidung wurde im kleinsten Kreis gefällt; die Kriegsdurchführung wurde danach der gesamten Allianz aufgedrückt. Abermals sind viele auf diese Weise zum Dienstleister einiger weniger Williger – oder besser: Übereifriger – degradiert worden. Nur sieben der 28 NATO-Mitglieder nahmen an der *Operation Unified Protector* aktiv teil.

3. Die Amerikaner spielten eine ungewöhnliche Rolle. In den ersten Kriegstagen zerschlugen ihre Tomahawk-Marschflugkörper Gaddafis Flugabwehr, und ihre Luftwaffe übernahm auch später noch wichtige Aufklärungs- und Auftankfunktionen. Aber aus den eigentlichen Kampfeinsätzen zogen sie sich nach fünf Tagen zurück. Das volle Risiko mochten sie nicht teilen. Auch wollten sie die Einsatzführung nicht übernehmen; allenfalls führten sie vom Rücksitz aus – *leading from behind* war ihre Losung. Mindestens partiell dankte Amerika ab.

4. Mit schmerzhafter Deutlichkeit offenbarte der Libyenkrieg, dass es den Europäern an entscheidenden militärischen Fähigkeiten fehlt. Nach wenigen Wochen ging ihnen die Munition aus, Flugzeuge mussten zur Wartung abgezogen werden; der französische Flugzeugträger

»Charles de Gaulle« hätte eigentlich in die Werft gemusst. Die bittere Lehre: Ohne die USA können die Europäer nur stümpern, aber nicht viel ausrichten.

5. Die diplomatische Intonierung des Libyen-Feldzuges führte die Weltöffentlichkeit wie die eigenen Bevölkerungen hinters Licht. Aus dem ursprünglichen Interventionszweck, der bedrohten Bevölkerung Schutz zu bieten, wurde durch schleichende Auftragsausweitung ein Krieg zur Herbeiführung eines Machtwechsels in Tripolis. In der UN-Resolution 1973 war das nicht vorgesehen. Doch vier Wochen nach deren Verabschiedung schrieben Barack Obama, Nicolas Sarkozy und David Cameron einen offenen Brief, der in der *New York Times* veröffentlicht wurde. Darin verschoben sie das Ziel des Unternehmens eindeutig vom Schutz der Zivilbevölkerung zum *regime change*. Zwar stritten sie dies spitzfindig ab: »Unsere Pflicht und unser Mandat ist es, die Zivilbevölkerung zu schützen«, schrieben sie, »und das tun wir. Es ist nicht unser Ziel, Gaddafi mit Gewalt (aus dem Amt) zu entfernen.« Indes schloss sich daran unmittelbar die Feststellung an: »Aber es ist unmöglich, sich eine Zukunft für Libyen vorzustellen, bei der Gaddafi an der Macht ist.« In aller Unverblümtheit formulierten sie das neue Ziel: »eine Zukunft ohne Gaddafi«. Damit veränderten sie den Sinn des Krieges – ein klassisches Beispiel von diplomatischem und militärischem *mission creep*. Darf man sich wirklich darüber wundern, dass Russland und China über diese selbstherrliche Erweiterung des Auftrags erbost waren? Dass sie den Interventionsmächten unterstellten, die humanitäre Begründung des militärischen Eingreifens sei nur vorgeschützt worden und der Tyrannensturz von Anfang an das eigentliche Kriegsziel gewesen? Als es ein Jahr nach Beginn des Libyen-Feldzugs darum ging,

im UN-Sicherheitsrat ein Mandat zur Beendigung des Bürgerkrieges in Syrien zu verabschieden, stellten sich Moskau und Beijing schon aus diesem Grund quer gegen die Westmächte.

Die Ungereimtheiten, Schwächen und Komplikationen des Anti-Gaddafi-Unternehmens im Jahre 2011 haben am Ende dessen militärischen Erfolg nicht vereitelt; die NATO hat Glück gehabt. Doch zeigte schon das Zögern des Westens angesichts des syrischen Bürgerkriegs, dass der Anreiz zur Wiederholung sehr gering ist. Die bewaffnete Intervention in Libyen wird wohl für einige Zeit die letzte gewesen sein, die sich das Bündnis (bzw. das eine oder andere seiner Mitglieder in »Koalitionen der Willigen«) wird leisten wollen und leisten können. Das gibt den Alliierten Zeit, sich den neuerdings immer wieder beschworenen neuen Sicherheitsherausforderungen zu widmen und zu erforschen, ob und wie weit sie die NATO berühren, was sich dagegen tun lässt und welche Rolle dabei den Militärs zufällt.


## V. Die neuen Ungewissheiten

Wir haben heute keine Feinde mehr an den Grenzen. Auch erlebt die Welt derzeit keine bewaffneten Konflikte zwischen Staaten. Gleichwohl kennzeichnen Ungewissheit und Instabilität die Gegenwart. »Es gibt weniger Bedrohungen des Bündnisgebiets, aber mehr Herausforderungen an unsere Sicherheit, und zwar aus allen Richtungen«, sagt NATO-Generalsekretär Rasmussen. Doch welche konkreten Bedrohungen unserer Sicherheit und unserer Interessen sind eigentlich bei näherem Hinsehen zu erkennen – Bedrohungen, gegen die wir uns wappnen müssen und wappnen können?

In ungezählten NATO-Dokumenten, Ministerreden und Zeitungsartikeln wird gebetsmühlenartig immer wieder die gleiche Litanei von Bedrohungen und Herausforderungen hergebetet: Verbreitung von Massenvernichtungswaffen, grenzüberschreitender Terrorismus, organisierte Kriminalität, regionale Krisen, Völkermord, Klimawandel, Gefährdung lebenswichtiger Handelsrouten, besonders der Seewege, Cyber-Angriffe auf unsere Datenzentren oder Datentiefseekabel, Anschläge auf Pipelines, Atomkraftwerke, auf Börsen oder Transportsysteme, Ressourcenkonflikte um Wasser, Rohstoffe und Energiequellen. Oft werden auch Epidemien und Pandemien aufgeführt, Krankheiten und Seuchen also, dazu anschwellende Migrationsströme aus der unterentwickelten in die entwickelte Welt.

Schon der erste Blick enthüllt, dass da höchst Unterschiedliches in einen Topf geworfen wird. So verständlich es ist, dass die Militärs angesichts der neuen Gefahren vor allem neue Beschäftigungsfelder wittern, so wenig ratsam wäre es, allein ihnen die Aufgaben zu überlassen, die in erster Linie politisch und gesamtgesellschaftlich bewältigt werden müssen. Nur für die wenigsten der angeführten Risiken und Gefährdungen wäre die NATO das geeignete Abwehrinstrument. Die meisten entziehen sich einer Bewältigung durch den Einsatz von Soldaten.

Das gilt bestimmt für Pandemien wie HIV/AIDS, Cholera, Gelbfieber, Influenza, Lepra, Malaria, Masern, Pocken, SARS, Tuberkulose, Typhus, Vogelgrippe. Sie mögen regional und sogar global verheerende Wirkung haben, doch werden sie in unserem medizinisch gewappneten Zeitalter kaum ein Drittel der Menschheit ausrotten wie im 14. Jahrhundert der Schwarze Tod, die Pest. Die Militärs können hier bestenfalls mit Sanitätern und Feldlazaretten helfen. Ansonsten ist die Wissenschaft gefordert.

Der Terrorismus bleibt ein ernstzunehmendes Problem, aber sein Wesen hat sich gewandelt. Der religiöse Radikalismus ist unverändert virulent, aber al-Qaida hat nach dem Verlust ihrer afghanischen Basis und der Erschießung Bin Ladens ihre Bedeutung als Leitzentrale weltweiten Terrors verloren. Sie ist geografisch zersplittert in selbstständig operierende Untereinheiten, denen es in erster Linie um lokale Fragen geht; dies nicht nur im Jemen, sondern auch in Somalia und mehreren anderen afrikanischen Staaten. Die überwölbende Ausrichtung auf den großen Satan USA bestimmt nicht mehr das Handeln der Dschihadisten. Ohnehin hat der Arabische Frühling ihnen viel Wind aus den Segeln genommen. Die größte Gefahr geht von den *homegrown terrorists* aus, jungen Leuten, die sich in ihren westlichen Heimatländern radikalisieren, sich im pakistanisch-afghanischen Grenzgebiet ausbilden lassen und dann Bomben legen. Sie aufzuspüren und unschädlich zu machen, ist eher eine Sache der Polizei und der Geheimdienste als des Militärs.

Die organisierte Kriminalität bleibt ebenfalls ein gravierendes Problem, zumal der internationale Drogenhandel, der Handel mit Kindern zu deren sexueller Ausbeutung, Schmuggel und Schlepperwesen, Kreditkartenfälschung, Geldwäsche und Produktpiraterie. Das Militär kann dagegen wenig tun. Letztlich muss die Polizei damit fertigwerden.

Was aber die Weiterverbreitung von Atomwaffen betrifft, so lehrt uns ein Blick auf die Entwicklung in den zurückliegenden Jahrzehnten dreierlei. Erstens: Sie geht langsamer vor sich, als die Experten vor 40 oder 30 Jahren annahmen. Außer den fünf UN-Vetomächten – den Siegermächten des Zweiten Weltkrieges, USA, Russland, Großbritannien, Frankreich und China – haben bisher nur vier Staaten den Aufstieg in die atomare Champions League geschafft: Israel, Indien, Pakistan und Nordkorea. Zweitens: Wer sich bedroht fühlt (oder wem dauernd gedroht wird, »Schurkenstaaten« zum Beispiel), der ist auch durch noch so strenge Sanktionen nicht davon abzuhalten, sich ein Atomwaffenarsenal anzulegen – siehe Nordkorea, womöglich auch Iran. Drittens aber: Wo die Proliferation atomarer Waffen durch Sanktionen nicht zu verhindern ist, böte ein militärischer Vernichtungsschlag schwerlich die Lösung – so würde ein israelischer Angriff auf Iran mehr aktuelles Unheil anrichten als künftiges verhindern. Den Iranern aber, strebten sie tatsächlich nach Atomwaffen, müsste nach der Logik der *balance of terror*, des Gleichgewichts des Schreckens, die eigene Vernichtung als Preis jeden Angriffs, sei es auf Israel oder auch Westeuropa, vor Augen stehen. Die Unterstellung, dass iranischen Ayatollahs weniger daran gelegen wäre, das Überleben ihrer alten und stolzen Nation zu sichern, als etwa Nikita Chruschtschow im Kalten Krieg das Überleben Russlands am Herzen lag, widerspricht dem gesunden Menschenverstand wie der geschichtlichen Erfahrung. Auch Ayatollahs werden sich der nuklearen Logik beugen, wonach unausweichlich als Zweiter stirbt, wer als Erster schießt.

Beim Klimawandel sieht es anders aus. Die Folgen der Erderwärmung sind Dürren, Hungersnöte, ein Anstieg des Meeresspiegels, das Verschwinden von Inselnationen und die Übersäuerung der Ozeane. Dies alles zu verhindern, zu mindern oder zu lindern, liegt – wenn überhaupt – gewiss nur im Vermögen der Politik. Nach Ansicht des Sozialpsychologen Harald Welzer wird der Klimawandel »Klimakriege« auslösen, vor allem um Wasser; Bürgerkrieg wird in vielen Gebieten zum Normalzustand werden; die Gewalt könnte über die Grenzen von Staaten und Kontinenten schwappen. In Regionen mit schwachen Staaten, räsoniert Welzer, wird er zusätzlichen Umweltstress verursachen, damit ohnehin bestehende Gesellschaftskrisen verstärken und möglicherweise auch zu einer Verzehnfachung der gegenwärtigen Migrationsströme führen. Die *National Security Strategy* des Pentagons unterstrich 2010 diese Analyse: »Die vom Klimawandel ausgehenden Gefahren sind real, bedrängend und gravierend. Die Veränderungen, welche die Erderwärmung bewirkt, werden zu neuen Konflikten über Flüchtlinge und Ressourcen führen.«

Die Klimaforscher prophezeien auch eine wachsende Zahl von Naturkatastrophen. Soldaten haben sich bei derlei Ereignissen im nationalen wie im internationalen Bereich immer schon als Katastrophenhelfer bewährt – denken wir nur an die Oderflut von 1997, an das Tsunami-Desaster des Jahres 2004 im Indischen Ozean, an den Hurrikan Katrina, der im August 2005 News Orleans zerstörte, oder an das Erdbeben in Pakistan im folgenden Monat. Die NATO hat dabei eine bedeutsame Rolle gespielt. Sie baute Brücken im indonesischen Aceh. Sie half in New Orleans. Sie richtete eine Luftbrücke nach Pakistan ein, flog Zelte, Decken, Öfen, Erste-Hilfe-Koffer, Ersatzteile ein und beförderte die Hilfsgüter in die betroffenen Gebiete, während ihre Pioniere verschüttete Straßen räumten und in einem NATO-Feldlazarett Tausende von Verletzten behandelt wurden. Für derlei Einsätze in enger Zusammenarbeit mit zivilen Katastrophenhilfsorganisationen wird das Bündnis auch in Zukunft zur Verfügung stehen müssen.

Das Militär kommt ebenfalls ins Spiel, wo der Klimawandel neue Konfrontationslinien entstehen lässt. Dies ist zum Beispiel in der Arktis der Fall. Dort sind die Auswirkungen des Klimawandels doppelt so stark zu spüren wie in anderen Weltgegenden. Das Eis schmilzt in atemberaubendem Tempo. Vor einigen Jahren war zum ersten Mal sowohl die Nordwestpassage als auch die Nordostpassage vom Atlantik zum Pazifik eisfrei geworden. Würden beide dauerhaft schiffbar, so verkürzte dies den Seeweg von Rotterdam nach Tokio – durch den Sueskanal 21 000 Kilometer – auf 15 900 Kilometer über die nordwestliche Strecke und um noch einiges mehr auf der nordöstlichen Route. Allein dies könnte einen geopolitischen Wettlauf zur See anstacheln.

Erschwerend kommt hinzu, dass unter dem Arktischen Meer eine reich gefüllte Schatzkammer mit Rohstoffen vermutet wird. Dort sollen 13 Prozent des noch unentdeckten Erdöls liegen, 25 Milliarden Barrel (laut *TIME* sogar 90 Milliarden), und 30 Prozent der noch zu erschließenden Erdgasreserven. Dies weckt Begehrlichkeiten auf allen Seiten. Die fünf direkten Anrainerstaaten machen ohne Ausnahme Souveränitätsansprüche auf einen erweiterten Festlandsockel und damit die Ausdehnung ihrer exklusiven Wirtschaftszone über die im Seerechtsabkommen von 1982 festgelegten 200 Seemeilen hinaus geltend. Da sich die Gebietsansprüche überschneiden, sind Kontroversen wohl unausweichlich.

Bisher sind die Arktis-Anrainer in kooperativer Stimmung; im Arktischen Rat haben sie seit 1996 ein gemeinsames Forum. Doch schon jetzt ist absehbar, dass sie ihre Ansprüche auch militärisch unterfüttern werden. Bereits Präsident George W. Bush hat angeordnet, die strategische Mobilität der amerikanischen Schiffe und Flugzeuge in der gesamten arktischen Region sicherzustellen. Kanada baut arktisfähige Patrouillenboote und hat bereits große Militärübungen im Polargebiet abgehalten, an denen sich auch die US-Küstenwache und dänische Einheiten beteiligten. Vladimir Putin aber, der seine Eismeerforscher 2007 am Nordpol die russische Flagge in 4261 Metern Wassertiefe aufpflanzen ließ, hat seinerseits eine Truppenverstärkung in der Arktis angekündigt. Es zeichnet sich hier neues Konfliktpotenzial ab, das die NATO zwingen wird, eine maritime Strategie für den hohen Norden zu entwickeln. Wie die Piraterie auf den südlichen Seewegen, so lässt die Eisschmelze am Nordpol den Kriegsmarinen ganz neue Aufgaben zuwachsen. Aber auch in diesem Falle wird die Politik gut daran tun, die Probleme nicht allein den Militärs zu überlassen. Nur ausgleichende Pragmatik kann verhindern, dass gegensätzliche Ambitionen ausarten in blanken Antagonismus.

Das Gleiche gilt für eine andere heraufziehende Gefahr: dass Ressourcenkonkurrenz sich zuspitzt zu Ressourcenkonflikten. Schon für 2010 zählte das Heidelberger Institut für Konfliktforschung 45 gwalttätige Konflikte um Ressourcen. Dabei geht es zum einen um interne Konflikte, in denen sich Kriegsherren, Rebellen, Bürgerkriegsparteien um einheimische Bodenschätze streiten, etwa um die »Blutdiamanten«, die in afrikanischen Staaten wie Liberia, Sierra Leone oder Angola grausame bewaffnete Auseinandersetzungen finanziert haben. Größere Bedeutsamkeit werden jedoch bald externe Konflikte gewinnen, die sich aus der rücksichtslosen Bedarfssicherung souveräner Staaten ergeben. So ist nicht auszuschließen, dass sich an dem Rohstoffhunger beispielsweise Chinas oder Indiens handelspolitische, aber auch außenpolitische Spannungen entzünden. Rohstoffe, »Drohstoffe«, sind die Zankäpfel der Zukunft.

Zumal China braucht einfach alles – und es verschafft sich einfach alles. Binnen 20 Jahren ist es von einem Erdölexporteur zum zweitgrößten Importeur geworden; sein Anteil am Weltverbrauch von Kupfer, Nickel und Eisen stieg von 7 auf rund 40 Prozent im Jahre 2010; sein Energiehunger treibt es hinaus nach Übersee. Nach dem Prinzip »Kredit und Entwicklungshilfe gegen Rohstoffe oder Schürfrechte« bauen die Chinesen in Guinea, im Kongo, Sudan und anderswo Straßen, Schulen, Hospitäler, Staudämme, Flugplätze, Brücken, Eisenbahnen. In ganz Afrika kaufen sie Rohstoffe auf. Für ihr Geld erhalten sie Kohle aus Mosambik, Öl aus Nigeria, Platin aus Südafrika. Ähnlich gehen sie in Malaysia vor, von dort holen sie Palmöl und Tropenhölzer. In Australien erwerben sie Kupferminen und Kohlebergwerke, doch auch Farmland.

Beijings »Ressourcen-Imperialismus« unterscheidet sich vom klassischen Kolonialismus nur dadurch, dass es Rohstoffquellen nicht erobert, sondern kauft. Dabei stellen die Chinesen weder Fragen noch Bedingungen. In bester kapitalistischer Manier scheren sie sich nicht um Menschenrechtsverstöße und stoßen sich auch nicht an der diktatorischen Natur vieler ihrer Geschäftspartner. Schon daraus werden sich Friktionen ergeben, zumal mit der Europäischen Union, die befürchtet, dass der chinesische Ansatz die Brüsseler Bemühungen um gute Regierungsführung, Korruptionsfreiheit und Rechtsstaatlichkeit in Afrika untermi-niert. Auf diese Weise könnte die kommerzielle Konkurrenz umschlagen in politische Rivalität. Diese wiederum könnte in einer strategischen Konfrontation enden. Es muss nicht so kommen. Und damit es nicht so kommt, sind Politik und Diplomatie allemal die besten Instrumente einer Strategie der vorbeugenden Konfliktlösung.

Noch anders liegen die Dinge bei der wohl größten neuen Gefahr, Stichwort *Cyber security*. Selbstverständlich haben die Militärs hier eine wichtige Rolle zu spielen. In der US-Rüstungsforschung ist schließlich das Internet erfunden worden, und wie in jedem Krieg fällt den Soldaten auch im Cyber-Krieg ein entscheidender Part zu. Solch ein Krieg ist heute technisch machbar. Doch nicht alles, was unter *Cyber war* firmiert, ist auch wirklich Krieg. Man muss da unterscheiden.

In unserem Zusammenhang lassen wir die Hacker außer Acht – die Spaßguerilleros wie *Lulzsec*, die im Internet ihren Schabernack treiben, um Leute zu ärgern; die *Wikileaker*, die als digitale Anarchisten für die unbegrenzte Freiheit im Netz eintreten; oder auch die *Anonymous*-Aktivisten, die, sich selbst zum Widerstand ermächtigend, virtuelle Demos veranstalten und ihnen missliebige Websites zeitweilig lahmlegen – 2010 in Deutschland laut BKA 60 000 Fälle. Diese Internet-»Hacktivisten« in die Schranken zu weisen, ist Sache der Politik. Auch die Cyber-Kriminalität muss uns hier nicht näher beschäftigen: der Diebstahl von Kreditkarten, das Abräumen von Bankkonten, die illegale Aneignung von Emissionsrechten. Für Datenklau im Netz ist die Polizei zuständig.

Bei Cyber-Spionage wird es schon ernster. Auch dabei ist zu unterscheiden: zwischen dem Auskundschaften von Geschäftsgeheimnissen der Privatwirtschaft und dem klassischen Ausspionieren von Amtsgeheimnissen der staatlichen Behörden und vor allem der Streitkräfte. Allerdings ist hier nur das Instrument zur Erlangung vertraulicher oder geheimer Unterlagen neu: Der Computer tritt an die Stelle der Männer mit dem Schlapphut und der netzstrumpfbewehrten Mata Haris. Die Computertechnik erlaubt es jedoch, solche Schnüffelei in weit größerem Umfang zu betreiben als jemals zuvor in der Geschichte. Die Fuchs', die Guillaumes und John Le Carrés George Smiley sind Randfiguren geworden.

In jüngster Zeit sind vom Bundeskanzleramt bis zum Weißen Haus, von der Scientology-Kirche bis zum Vatikan und vom Pentagon bis zu anderen westlichen Verteidigungsministerien zahllose Institutionen das Ziel von Cyber-Angriffen geworden: das israelische Parlament und die CIA, die Weltbank und der Weltwährungsfonds, Finanzministerien und Handelskammern, der deutsche Zoll und die EU-Kommission. Auch Unternehmen der Privatwirtschaft (die zwischen 85 und 95 Prozent der kritischen Informations-Infrastruktur besitzen und betreiben) sind immer wieder Opfer von Cyber-Attacken gewesen, darunter Sony und Google, Morgan Stanley und CitiBank, Lockheed Martin und Boeing. Nicht nur amerikanische Experten beklagen das beispiellose Ausmaß gerade der chinesischen Hacker-angriffe auf westliche Unternehmen und Forschungsein-richtungen. Der Begriff *Advanced Persistent Threats* (APTs) ist in der Abwehrbranche geradezu zum Synonym für China geworden. Die Chinesen, wen nimmt es wunder, stellen frei-lich jegliches Fehlverhalten in Abrede.

So lästig und lähmend solche Angriffe auch sein mögen, eine Aggression im Sinne eines regelrechten Cyber-Krieges stellen sie nicht dar. Solche Kriege hat es indes schon gege-ben, und dass sie in Zukunft an Zahl und Durchschlags-kraft zunehmen werden, beschäftigt die NATO nicht ohne Grund.

Den ersten Internet-Angriff der Geschichte erlebte im Frühjahr 2007 die baltische Republik Estland. In einem dreiwöchigen Cyber-Blitzkrieg wurden die Rechner des Landes von einem Daten-Tsunami überschwemmt, der das Finanzwesen an den Rand des Zusammenbruchs brachte; vermutlich steckten die Russen dahinter. Ein Jahr darauf war Georgien an der Reihe – wohl nicht zufällig genau zu der Zeit, als die russische Armee im Kaukasus Richtung Tiflis vorrückte. Die Computer der Regierung und der Medien stürzten ab, Präsident Saakashvili musste seine Website auf einen amerikanischen Server verlagern.

Weit gravierender nimmt sich der Cyber-Krieg aus, der

seit einiger Zeit zwischen Israel und dem Iran im Gange ist. In der ersten Schlacht dieses Konflikts, den Israel und die Vereinigten Staaten nach allgemeiner Auffassung über Jahre hinweg akribisch vorbereitet haben, ließ der raffiniert programmierte Computerwurm Stuxnet die Zentrifugen in der iranischen Atomanreicherungsanlage Natans außer Kontrolle geraten, führte im Atomkraftwerk Bushehr zu einer Häufung technischer Pannen und brachte auch die Atomkonversionsanlage in Isfahan zum Stillstand.

Es ist eine unbestreitbare Tatsache, dass unsere lebenswichtige Infrastruktur immer mehr von funktionierenden Online-Netzwerken abhängt. Würden sie lahmgelegt durch Hacker, die auf eigene Faust arbeiten, oder durch Cyber-Krieger, die im Staatsauftrag handeln, könnte das gesamte öffentliche Leben zum Stillstand kommen. Betroffen wären das Transportwesen, die Versorgung mit Elektrizität, Wasser und Gas, das zivile wie das militärische Kommunikationssystem, der Eisenbahn- und Flugverkehr. Chemiewerke könnten explodieren, Satelliten würden aus ihrer Umlaufbahn kreiseln, Börsen und Banken müssten schließen. Das GPS-System fiele aus, unsere Navigationsgeräte erblindeten. Mit einem Schlag würde auch Online-Kriegführung über Tausende von Kilometern hinweg unmöglich. Solch einen verheerenden Angriff nennt der US-Verteidigungsminister Leon Panetta ein »digitales Pearl Harbor«. Andere beschwören eine »elektronische Apokalypse«.

Es kann daher nicht verwundern, dass mittlerweile an die 150 Staaten an Cyber-Programmen arbeiten und dass zumal die Militärs sich auf Computerkrieg einstellen. Das Pentagon gibt jährlich eine halbe Milliarde Dollar dafür aus, 10 000 Mitarbeiter zählt das neue *Cyber Command*. (Die Bundesrepublik hat in Bonn-Mehlem seit 2011 ebenfalls ein Cyber-Abwehrzentrum, von dem indes nicht zu erwarten steht, dass es mit lächerlichen zehn Mann mehr als ober-flächliche Behörden-Koordination leisten kann.) Auch die NATO hat sich des Themas neuerdings angenommen. Ein Computer Incident Response Center, das *Cyber Defense Center*, das sich in einer früheren Kaserne der Roten Armee im estnischen Tallinn niedergelassen hat, und eine Reihe weiterer NATO-Institutionen kümmern sich um *Cyber war*-Ausbildung und versuchen, im Bündnis das Cyber-Bewusst-sein zu verbessern. In der EU veranstaltet Eurocybex elektro-nische Sandkastenübungen, in denen die Reaktion auf eine ganz Europa betreffende Cyber-Attacke geprobt wird.

Doch wie reagiert man auf einen Cyber-Angriff? Ist er von vornherein als kriegerischer Akt einzustufen? In der neuen US-Verteidigungsdoktrin wird der *Cyberspace* nach Land, See, Luft und Weltraum als fünfter potenzieller Kriegsschau-platz aufgeführt. Obama erklärte Amerikas Digital-Infra-struktur zum *strategic national asset*. Vertreter des Pentagons haben durchblicken lassen, dass ein Cyber-Angriff auch mit einem klassischen militärischen Gegenschlag beantwortet werden könnte. Doch wie kann man überhaupt erkennen, woher ein Angriff aus dem Glasfaserkabel kommt? Die mut-maßlich aus dem Kreml gesteuerten Attacken auf Estland und Georgien ließen sich auf russische Cyber-Kriminelle zurückverfolgen, doch viele der dabei genutzten Compu-ter gehörten ahnungslosen amerikanischen Privatpersonen, deren Geräte gekapert worden waren. Wie aber will man Vergeltung üben, wenn die Adresse des eigentlichen Absen-ders nicht zu ergründen ist? Wo die *attribution* – die Zu-rückverfolgung zum Ursprung – unmöglich ist, hilft keine Vergeltungsdoktrin weiter. Da muss auch die Abschreckung versagen.

Daraus ergibt sich die spannende Frage, ob denn das Beistandsversprechen auf die virtuelle Welt übertragbar ist.

Außer in dem Fall eines totalen Cyber-Krieges wird oft ja schwer zu entscheiden sein, ob ein Computerverbrechen vorliegt, ein Spionageakt, ein elektronisches Scharmützel oder ein regelrechter militärischer Angriff. Genaueres herauszufinden mag Jahre dauern. Auf welche Eventualfälle müssen wir uns also einstellen? Welche Reaktion ist jeweils vorstellbar, vorab einzuüben und im Ernstfall von wem ins Werk zu setzen? Wie sähe massive Vergeltung aus, wie flexible Erwiderung? Noch schlägt sich die NATO mit diesen Fragen herum. Die Antworten stehen weiterhin aus. Weder gibt es bereits eine verbindliche Definition des Begriffs Cyber-Angriff noch eine Festlegung, welche staatlichen oder privaten Netzwerke überhaupt in Betracht gezogen werden sollen, geschweige denn Richtlinien, wie ein Akt digitaler Aggression zu beantworten wäre.

Vor einer *Cyber war*-Hysterie sollte sich die Allianz hüten. Auch davor, die Gefahr eines Cyber-Terrorismus sensationslüstern aufzubauschen – bisher gibt es nicht einen einzigen Fall terroristischer Netzattacken, und noch ist keine Autobombe, kein Sprengstoffgürtel per Internet gezündet worden. Darüber hinaus sollten wir uns einer umfassenden Militarisierung des *Cyberspace* entgegenstemmen – einer Tendenz, die im amerikanischen Senat auf viel besorgte Skepsis stieß. Wohl müssen sich die Militärs um die Absicherung ihrer eigenen Online-Systeme kümmern, aber ein Monopol auf die gesamte Cyber-Abwehr ist ihnen nicht einzuräumen. Hier müssen Staat, Wirtschaft und Militär eng zusammenwirken, wobei der Primat der Politik auf alle Fälle gewahrt werden muss.

Auch auf diesem Felde ist Staatskunst gefragt. Gänzlich ohne Cyber-Rüstung wird die NATO nicht auskommen. Doch ist Rüstungskontrolle auch in der IT-Welt vonnöten. Eine zielbewusste Cyber-Diplomatie sollte einen internationalen Konsens über das Verhalten von Staaten im virtuellen Raum anstreben und zugleich Richtlinien und Regeln etablieren, wie mit nicht staatlichen Akteuren, gefährlichen Hackern oder Digital-Terroristen umzugehen ist.

Bis fast ans Ende des 20. Jahrhunderts bedeutete Sicherheit in erster Linie eines: Sicherheit im eigenen Hoheitsgebiet vor militärischer Aggression. Dieser territorial verankerte Sicherheitsbegriff ist weithin überholt. Heute geht es weit mehr um *human security*, um die reibungslose Versorgung mit Energie, Rohstoffen und Nahrungsmitteln über offene Handelswege, um den Schutz der Umwelt und die Rettung des unserer Spezies Mensch zuträglichen Klimas. Dies sind alles Überlebensthemen, die nur im engsten Zusammenwirken von Politik, Wirtschaft und Zivilgesellschaft, von nationalen Behörden und internationalen Institutionen behandelt werden können. Das Militär kann nicht mehr das ganze breite Spektrum an Risiken, Gefährdungen und Bedrohungen abdecken. Außer bei der Sicherung der maritimen Handelsrouten fallen ihm keine sinnvollen neuen Aufgaben zu. Die Folge: Die Kriegsmarinen werden an Bedeutung gewinnen, während die Landstreitkräfte im gleichen Maße an Bedeutung verlieren, in dem nach den konventionellen Kriegen, in denen Millionen von Soldaten gegeneinander aufmarschierten, auch auszehrende Expeditionskriege und endlose Stabilisierungseinsätze à la Irak oder Afghanistan aus der Mode kommen.

Und so paradox dies klingt: Die Globalisierung bewirkt eher eine regionale Aufsplitterung der Sicherheitspolitik, als dass sie die Ausweitung des NATO-Aktionsradius nahelegt. Die Vereinigten Staaten blicken nach Osten über den Atlantik und nach Westen über den Pazifik; sie unterhalten in 150 Ländern rund um den Globus an die 1000 Militärstützpunkte; und sie sind mit elf Flugzeugträgerverbänden auf sämtlichen Weltmeeren präsent. Dementsprechend suchen sich die Amerikaner in allen Weltregionen Partner, um ihre eigenen Interessen durchsetzen oder schützen zu können. Die von ihnen angestrebte globale Vernetzung der Regionen unter amerikanischer Führung hat jedoch kaum Chancen auf Verwirklichung; dafür klaffen die Interessen der verschiedenen Partner allzu weit auseinander.

Und warum sollte sich die NATO ein weltumspannendes Pflichtenheft aufdrücken lassen, wenn selbst der frühere US-Verteidigungsminister Robert Gates an dessen Sinn zweifelt? Jedenfalls erklärte er, als er noch im Amt war, den Kadetten von West Point rundheraus: »Jeder künftige Verteidigungsminister, der dem Präsidenten noch einmal dazu rät, eine große amerikanische Landstreitmacht nach Asien, nach Nahost oder nach Afrika zu schicken, sollte sich den Kopf examinieren lassen.« Die Wahrscheinlichkeit, dass sich Afghanistan oder Irak wiederholt, Einmarsch also, Befriedung und Verwaltung eines Drittwelt-Landes nötig werden, schätzt Gates als sehr gering ein, und künftige Kriege in Asien oder am Persischen Golf werden nach seiner Ansicht mit der Luftwaffe und der Marine ausgefochten. Da haben die Europäer wenig zu bieten. Nicht einmal die Briten und Franzosen, die – ein Nachklang ihres Kolonialimperialismus – gelegentlich einem Anfall von Interventionsfieber erliegen, könnten in Asien militärisch etwas ausrichten.

»Mehrentheils vermag anständige Politique«, heißt es in einem alten bayerischen Diplomatie-Handbuch. Heute würde man sagen: *soft power*.

# VI.  Amerika und Europa: noch Partner?

Ehe wir die Frage beantworten, ob die heutigen Gegebenheiten eine Fortsetzung des transatlantischen Militärbündnisses zwingend nahelegen, muss freilich die Vorfrage gestellt werden: Ist dafür überhaupt noch eine tragfähige Grundlage gegeben? Zum Ersten: Bietet die viel berufene »Wertegemeinschaft« noch eine feste Basis – oder ist sie längst zu einer rhetorischen Floskel geworden? Zum Zweiten: Sind die Interessen der Alliierten eigentlich noch hinreichend deckungsgleich, um als verlässlicher Bündniskitt zu dienen – oder laufen sie inzwischen schon so weit auseinander, dass gemeinsames Planen und gemeinsames Handeln in der Mehrzahl aller denkbaren Krisen- und sogar Kriegsfälle gar nicht mehr erwartet werden darf?

Um eine generelle Antwort vorwegzunehmen: Es wird keinen Bruch geben zwischen den Vereinigten Staaten von Amerika und dem Vereinigten Europa der Staaten – der Vorstufe, hoffentlich, der Vereinigten Staaten von Europa, die in den nächsten Jahrzehnten Gestalt annehmen müssen, wenn unsere Alte Welt nicht völlig ins Abseits der internationalen Irrelevanz abrutschen soll. Aber zwangsläufig wird sich das transatlantische Verhältnis verändern. Es wird sich lockern, und dies aus mehreren Gründen.

Nicht, wie so oft behauptet wird, weil der Kitt der verbindenden Werte spröder wird und brüchig – in Wirklichkeit ist er nie das entscheidende Element des Zusammenhalts gewesen. Gewiss war das Bekenntnis zu den gemeinsamen Werten nicht bloß Heuchelei. Indes war ihre Beschwörung oft doch nur ein dünner Firnis, der dem Bündnis PR-Glanz gab. Sonst hätte nie jene kemalistische Türkei Mitglied sein dürfen, deren Militärs seit 1960 so ziemlich alle zehn Jahre putschten und gelegentlich auch einen demokratisch gewählten Ministerpräsidenten aufhängen ließen; nicht das Griechenland der Obristen-Junta; und auch nicht Salazars faschistisches Portugal. Realpolitik zwingt eben zuweilen zur Doppelmoral. Im Übrigen zeigt die Geschichte, dass man von der Ablehnung eines gegnerischen Wertesystems nicht ohne Weiteres auf die Übereinstimmung der Wertevorstellungen im eigenen Lager schließen darf – man denke nur an den Anti-Hitler-Pakt der West-Alliierten mit Stalins Sowjetunion oder auch, zeitlich weniger entrückt, an die enge militärische und rüstungspolitische Partnerschaft Amerikas mit dem autokratischen Saudi-Arabien und dem Knüppel-Königtum Bahrain. Interessen wiegen da allemal genauso schwer wie Werte – und im Ernstfall schwerer.

Auch unter den einwandfrei und unbezweifelbar demokratischen Mitgliedstaaten reicht ja die Gemeinsamkeit der Werte über das in freien Ländern Selbstverständliche kaum hinaus – über das abstrakte Bekenntnis nämlich zu den »Grundsätzen der Demokratie, der Freiheit der Person und der Herrschaft des Rechts«, die in der Präambel des NATO-Vertrages angerufen sind. Eine durchgängige Kongruenz der Wertvorstellungen hat es im Verhältnis USA–Europa nie gegeben, und schon gar nicht in der praktischen Anwendung dieser Vorstellungen.

Es beginnt mit der unterschiedlichen Haltung zur Todesstrafe, hört aber damit nicht auf. Im »Krieg gegen den Terror« sind grundverschiedene Einstellungen zum Rechtsstaat, zum Konzept fairer Prozesse vor dem gesetzlichen Richter und zur Zulässigkeit von Folter sichtbar geworden. *Targeted killings* und Drohnenattentate, bei denen im Dunkeln bleibende US-Behörden Ankläger, Richter und Scharfrichter in einem sind und den Betroffenen selbst der Anschein eines *due process of law* verwehrt wird, sind den meisten Europäern – wie ja auch vielen rechtschaffenen Amerikanern –

ein Gräuel. Auch haben sie wenig Verständnis für staatlich lizenzierte Folterung wie *waterboarding*; für die Schande von Abu Ghraib; für das unsägliche, noch immer intakte Guantanamo-System; für die Praxis der *extraordinary rendition,* der Überstellung von Verdächtigen zu Torturzwecken an Länder, die keine Skrupel haben, sie mit SS-Methoden oder KGB-Praktiken unter Druck zu setzen. Auch hat sich der US-Senat bislang geweigert, das Römische Statut zu ratifizieren, nach dem 2002 der Internationale Strafgerichtshof eingerichtet wurde, um Völkermord und Aggression, Verbrechen gegen die Menschlichkeit und Kriegsverbrechen zu ahnden.

Hinzu kommt eine im Grundansatz auseinanderfallende Bewertung der kapitalistischen Ordnung. Die Kontinentaleuropäer sind darauf aus, die harten Kanten des Kapitalismus sozialpolitisch abzuschleifen, die Amerikaner hingegen neigen dazu, den Einfluss des Staates zu minimieren und der geschäftlichen Gier freie Bahn zu schaffen. Auf die Finanzwirtschaft bauen die Angelsachsen, auf die Realwirtschaft die anderen; Neo-Keynesianer die Europäer, mit Ausnahme der Briten mehr oder weniger sozialdemokratisiert bis hinein ins konservative Lager, eher Neo-Hayekianer die meisten Amerikaner, deren rechtes Lager den Wohlfahrtsstaat als sozialistisches, um nicht zu sagen: bolschewistisches Teufelszeug anprangert. Zwischen dem europäischen Streben nach einem ausgeglichenen Verhältnis von Staatsmacht und Marktmacht und dem Wirtschaftsdarwinismus der Wall Street klafft ein himmelweiter Unterschied.

Die historische Erfahrung lehrt, dass die hehre Anrufung der Werte mit deren Verwirklichung in der Praxis nirgendwo nahtlos einhergeht. Zwischen beschworenen und gelebten Werten besteht oft ein großer Unterschied. Damit kann man, damit muss man leben. Ebenso mit den Unterschieden in den Wertsystemen. Wo immer die Interessenkongruenz stark ist, lassen sich diese Unterschiede ignorieren.

Dies aber führt uns zu der zentralen Frage: Ist die Nordatlantische Allianz wirklich noch eine Interessengemeinschaft? Und wenn sie dies derzeit noch ist – wird es in alle Zukunft so bleiben?

Schon heute sind die Interessen der Vereinigten Staaten und der Europäischen Union in vielerlei Hinsicht nicht mehr deckungsgleich. So verspüren die meisten Europäer keinerlei Drang mehr, die ganze Welt nach ihrem Ebenbild umzuformen. Sie haben 500 Jahre Kolonialismus hinter sich gelassen und wollen sich auch aus vermeintlich moralischen Gründen nicht zu einer Neuauflage des alten Missionsimperialismus verstehen. Anders verhält es sich mit Amerika. Dort bekommt immer wieder einmal die Richtung Oberwasser, die in der Ausbreitung des amerikanischen Modells rund um die Erde ihre eigentliche Bestimmung sieht. Zuletzt war das unter George W. Bush mit seiner *Freedom Agenda* der Fall. Von ihm stammt der Satz: »Das Überleben der Freiheit in unserem Land hängt ab vom Erfolg der Freiheit in anderen Ländern.« Seine Außenministerin Condoleezza Rize formulierte im gleichen Geiste: »Der Aufbau demokratischer Staaten ist jetzt ein Bestandteil unseres nationalen Interesses« – was sein Nationaler Sicherheitsberater Sandy Berger im Falle Irak auf den Satz zuspitzte: »Regimewechsel muss unser Ziel sein.«

Unter Barack Obama sind derlei Erwägungen wieder in den Hintergrund getreten, wenngleich die umstürzlerischen Reflexe in der Libyen-Krise durchaus noch einmal kräftige Muskelzuckungen auslösten. Doch lässt Obamas realpolitischer Ansatz die Hoffnung zu, dass sich die Schere zwischen vollmundiger Bündnis-Reklame und ernüchternder Bündnis-Realität in den kommenden Jahren wenigstens nicht weiter öffnet. Wir sollten uns deswegen auch nicht hysterisch in eine Scheidungskrise hineinreden. Bei allen Differenzen und Divergenzen bleibt zwischen Amerikanern und Europäern noch immer eine große Schnittmenge an Gemeinsamkeit. Sie ist groß genug, um eine Auflösung des Bündnisses weder als unvermeidlich noch als ratsam erscheinen zu lassen. Vieles deutet darauf hin, dass Amerika und Europa sich aus mancherlei Gründen wieder aufeinander zu bewegen.

Der erste Grund ergibt sich aus der Geschichte Amerikas. Sie ist geprägt von abrupten Pendelschwüngen zwischen Isolationismus, Imperialismus und Internationalismus. Isolationismus war die Devise der jungen amerikanischen Republik. In seiner berühmten *Farewell Address* warnte George Washington, der erste Präsident, seine Landsleute vor Bündnissen »mit irgendeinem Teil der Außenwelt«. Dem Imperialismus verfielen die USA dann Mitte des 19. Jahrhunderts, als sie sich im Vollzug ihres *manifest destiny* erst in den Besitz weiter Teile Mexikos brachten, und erneut Ende des Jahrhunderts, als sie die Spanier aus der Karibik und dem Pazifik verjagten. Auf Theodore Roosevelt, der den Drang in die Weite lupenrein verkörperte, folgte der Idealist Woodrow Wilson, der im Ersten Weltkrieg auf die Neutralität Amerikas setzte, bis die uneingeschränkte deutsche U-Boot-Kriegführung ihn in den Konflikt hineinzog. Seinem Internationalismus, der sich in den Vierzehn Punkten wie in dem Entwurf des Völkerbundes spiegelte, erteilte allerdings der US-Senat eine klare Absage: Er lehnte Amerikas Eintritt in die erste Weltorganisation ab, die Wilsons Vorsatz hätte verwirklichen sollen: *to make the world safe for democracy.* Abermals wurde Isolationismus Trumpf – bis ein weiteres Mal deutsche Politik, die Expansions- und Kriegspolitik Adolf Hitlers, Amerika in einen europäischen Krieg zwang. Nach 1945 waren dann die Internationalisten am Zuge: unter den Präsidenten Franklin D. Roosevelt, Harry S. Truman und Dwight D. Eisenhower zimmerten sie mit den Vereinten Nationen, der Weltbank und dem Weltwährungsfonds, schließlich mit der NATO den Rahmen einer Weltordnung, die das Mächtemuster der zweiten Hälfte des 20. Jahrhunderts prägte – das Muster des eigentlichen *American Century*. Nach der Phase des Ausgreifens ist jetzt wieder *retrenchment* fällig: eine Ära der Frontbegradigung.

Präsident Obamas Wort vom Juni 2011, es sei nun an der Zeit, sich um das eigene Land zu kümmern, Zeit für *nation-building at home*, deutet darauf hin, dass Amerikas Prioritäten sich in nächster Zukunft von den auswärtigen Schlachtfeldern auf die inländischen Baustellen verlagern werden. Es wird wieder stärker die Mahnung von John Quincy Adams, des sechsten US-Präsidenten, beherzigen: »Wo immer das Banner der Freiheit und Unabhängigkeit entrollt worden ist oder entrollt werden wird, dort wird Amerika mit seinem Herzen sein, mit seinen Segenswünschen und seinen Gebeten. Doch geht es nicht hinaus in die Welt auf der Suche nach Ungeheuern zum Erschlagen. Es wünscht der Freiheit und Unabhängigkeit aller Gutes. Es ist der Verteidiger und Beschützer nur seiner selbst.« Durch sein Beispiel müsse Amerika wirken, nicht dadurch, dass es sich auf Gedeih und Verderb in fremde Händel stürze.

Diese Einsicht wird die Vereinigten Staaten den Europäern wieder ein Stück näherbringen. Die Amerikaner werden nicht mehr hinausstürmen in die Welt, aber sie werden sich auch nicht aufs Neue in das Schneckenhaus des Isolationismus zurückziehen. Dazu sind sie viel zu eng in der globalisierten Welt verflochten – in einer Welt, in der grenzüberschreitender Terrorismus und Massenvernichtungswaffen interkontinentaler Reichweite die Vorstellung illusorisch machen, man könne Sicherheit finden durch Rückzug auf sich selbst. Auch wäre Isolationismus gleichbedeutend mit dem Verzicht darauf, die entstehende Weltordnung mitzugestalten. Selbst unter Barack Obama ist Washingtons Vormachtstreben ja ungebrochen. Nicht auf Weltherrschaft, doch sehr wohl auf *global leadership* bleibt Amerikas Ehrgeiz weiterhin gerichtet. Die neuen Verteidigungspolitischen Richtlinien tragen sogar diesen Titel: »Sustaining U.S. Global Leadership«.

Nun macht gerade dieses Dokument überdeutlich, dass der amerikanische Atlas nicht mehr die ganze Welt auf seinen Schultern wird tragen können. Wer auch immer im Weißen Haus residiert – in Zukunft wird er davon ausgehen müssen, dass die Vereinigten Staaten gewiss noch Jahrzehnte die stärkste, aber nicht mehr die bestimmende Macht der Welt sein werden: präeminent, nicht länger prädominant. Es übersteigt ihre Kräfte, sich überall in der Welt zu engagieren. Sie müssen auswählen, wo sie Posten beziehen, und sie haben dies unter Obama auch bereits getan. Europa rückt dabei ein Stück in den Hintergrund. Doch deswegen brauchen die Europäer nicht in Panik zu verfallen. Die immer offenkundigere Hinwendung der USA zum Pazifik ist erklärlich und gerechtfertigt, denn in Europa ist der Frieden nicht mehr strukturell gefährdet, sondern allenfalls punktuell an seiner Peripherie – und auch da nicht in einer existenzgefährdenden Weise. Die Spannungen jenseits unserer östlichen Grenzen – in Transnistrien, Abchasien und Ossetien, Nagorny-Karabach oder Tschetschenien – sind eher lästig denn bedrohlich, jedenfalls nicht zu vergleichen mit den latenten Konfliktherden, den vielfältigen Stress- und Verwerfungslinien im aufsteigenden Asien.

Die stärkere Orientierung auf den Pazifik zeichnete sich übrigens schon lange vor Barack Obama ab, dem ersten pazifischen Präsidenten der Vereinigten Staaten. Bereits während der Clinton-Administration (1993–2001) waren Töne zu vernehmen wie »Das 21. Jahrhundert gehört den pazifischen Nationen«, dort spiele künftig die Musik (Außenminister Warren Christopher), oder »Europa ist nicht die Welt« (Unterstaatssekretär John Kornblum). Seit der Jahrtausendwende lenken der rasante wirtschaftliche Aufstieg Chinas und Beijings gleichzeitig zielbewusst vorangetriebene Aufrüstung die Amerikaner verständlicherweise weiter von Europa ab. In Asien spielt nicht nur die Musik, dort ticken zwischen Kaschmir, dem Südchinesischen Meer, Taiwan und dem geteilten Korea einige Zeitbomben. Und es zeichnet sich dort das Mächtemuster, die neue Weltordnung des 21. Jahrhunderts ab. Da kann Amerika sich nicht mit einer Statistenrolle begnügen.

Von einem *strategic turn* spricht aus diesem Grund die US-Außenministerin Hillary Clinton, einem strategischen Schwenk, einem *pivot*. Im November 2011 machte Präsident Obama vor dem australischen Parlament die neue Linie noch klarer. Er erläuterte den *broader shift* der amerikanischen Außenpolitik als eine »bewusste Entscheidung von strategischer Bedeutung«, einen »neuen Fokus« auf die asiatisch-pazifische Region. »Hier sehen wir die Zukunft«, erklärte er. »Als pazifische Nation werden wir eine größere, auf Dauer angelegte Rolle bei der Gestaltung dieser Region und ihrer Zukunft spielen.« Und er versprach: »Kürzungen der Verteidigungsausgaben werden nicht zu Lasten von Asien-Pazifik gehen.« Die Verteidigungspolitischen Richtlinien, die der Präsident und sein Verteidigungsminister Leon Panetta Anfang Januar 2012 der Öffentlichkeit vorstellten, belegen die Ernsthaftigkeit und Unumstößlichkeit der neuen strategischen Prioritätenfestlegung. Ein zweiter Schwerpunkt ist der Mittlere Osten. Wobei man nicht fehlgeht, wenn man

»Asien-Pazifik« mit China übersetzt und »Mittlerer Osten«
mit Iran. Dort zeichnen sich aus der Warte Washingtons
Gefahren ab, die Konfrontationen, ja kriegerische Auseinandersetzungen nicht ausschließen – im Iran womöglich
schon in allernächster Zukunft, in China binnen zwei oder
drei Jahrzehnten.

Der Artikel in *Foreign Policy*, in dem Hillary Clinton im
Herbst 2011 die Zukunftsorientierung der Vereinigten Staaten skizzierte, trug die bezeichnende Überschrift: *America's
Pacific Century*. Manch einer las da die Botschaft heraus:
Europas amerikanisches Jahrhundert ist vorüber. Daran ist
sicherlich ein Körnchen Wahrheit. Washingtons Prioritäten
haben sich verschoben. Europa steht im amerikanischen
Denken nicht länger an oberster Stelle. Das muss es jedoch
auch nicht. Was wollten wir Europäer dagegen schon gegen Washingtons Schwenk nach Asien einwenden? Unsere
Sicherheitslage hat sich dermaßen verbessert, dass wir es
verschmerzen können, wenn Amerika sich den spannungs-
reicheren Regionen der Erde zuwendet. Finanzkrise hin,
Wirtschaftskrise her – aus der Alten Welt droht Amerika
keine Gefahr. Abgesehen davon, dass auch für die Europäer
Asien immer wichtiger wird, wiewohl primär auf dem Feld
der Wirtschaft und des Handels – nimmt man alles in allem, so werden Europäer und Amerikaner noch auf lange
Zeit hinaus füreinander die verlässlichsten Partner sein. Das
hat auch die Obama-Administration inzwischen eingesehen.
Nicht von ungefähr tauchten bei der Münchner Sicherheitskonferenz im Februar 2012 zum ersten Mal in einem halben
Jahrhundert zwei amerikanische Minister auf, der Verteidi-
gungsministcr und die Außenministerin. Offenbar waren sie
erschrocken über das Echo, das ihre Asien-Reden in Europa
gefunden hatten. So waren sie sichtlich darum bemüht, wieder gut Wetter zu machen.

Die Hoffnung, dass sich das amerikanisch-europäische Verhältnis weiter entspannt, statt sich zu verspannen, liegt auch in der wirtschaftlichen und sozialen Malaise Amerikas. Die Schere zwischen Arm und Reich hat sich dort in den vergangenen 20 Jahren immer weiter geöffnet. Viele Amerikaner haben in der jüngsten Wirtschaftskrise ihre Häuser, ihre Arbeitsplätze, ihre Ersparnisse fürs Alter verloren. Ungleichheit der Einkommen und Vermögen, Umverteilung von unten nach oben, eine verkommende Infrastruktur, ein öffentliches Schulwesen weit unter PISA-Standard und eine gravierende Verengung der Aufstiegschancen spiegelt sich immer stärker in einer Erosion des Mittelstandes wider. Der amerikanische Traum – »jeder ist seines Glückes Schmied« – verflüchtigt sich zusehends. Ein Etatdefizit von Wolkenkratzerhöhe, die Rekordverschuldung von 15 500 Milliarden Dollar, hartnäckige Arbeitslosigkeit und schrumpfende Reallöhne lassen es nicht länger zu, Billionen und Aberbillionen dem Militär in den Rachen zu werfen.

Die amerikanischen Streitkräfte haben 2011 unvorstellbare 700 Milliarden Dollar ausgegeben, fast fünf Prozent des Bruttoinlandsprodukts. Nach Präsident Obamas Rechnung ist das so viel, wie die nächsten zehn Länder für Verteidigung ausgeben. Was mit Sicherheit eine Untertreibung ist; nach der Kalkulation unabhängiger Experten entspricht das Pentagon-Budget eher dem der nächsten 15, ja sogar 17 Länder und ist immer noch sechsmal größer als der Verteidigungsetat Chinas. Jedenfalls ging zuletzt jeder fünfte Dollar des Staatshaushalts ans Militär (und ein noch weit größerer Anteil an die Sicherheit, nämlich insgesamt rund 1 Billion – 1 000 000 000 000 – Dollar, rechnet man die Ausgaben für Heimatschutz (41 Milliarden), Sicherheits- und Nachrichtendienste (55 Milliarden), Atomwaffenentwicklung (17 Milliarden, untergebracht im Haushalt des Energieministeriums), weitere verteidigungsrelevante Posten in den Budgets anderer Ressorts (7 Milliarden) und die Veteranenversorgung (111 Milliarden) hinzu.

In einem Zeitalter der *austerity* können sich nicht einmal die Vereinigten Staaten die astronomischen Summen leisten, die erforderlich wären, um jeglicher Bedrohung jedweden Ursprungs entgegenzutreten. Sparen und schrumpfen ist nun die Parole. Die Konsequenz: Das Pentagon erhält keine Blankoschecks mehr. Das Militär soll nicht länger zwei Landkriege gleichzeitig führen können. Eine Reihe geplanter Rüstungsbeschaffungsprojekte werden gestrichen, andere zeitlich gestreckt. In den nächsten zehn Jahren sollen die Verteidigungsausgaben um 487 Milliarden Dollar gekürzt werden; womöglich sogar um das Doppelte. Das heißt: Jedes Jahr muss das Pentagon mindestens 50 Milliarden einsparen.

Das hat Folgen für Europa. Der Gedanke liegt den Amerikanern nahe, das Engagement in der Alten Welt zurückzufahren und die Europäer nicht nur zur Kasse, sondern verstärkt auch an ferne Fronten zu bitten. In seiner offenherzigen Abschiedsrede vor dem NATO-Rat hatte der scheidende US-Verteidigungsminister Robert Gates Mitte 2011 genau dies getan: »Fast während des ganzen Kalten Krieges konnte die amerikanische Regierung die Verteidigungsinvestitionen und die kostspieligen vorgeschobenen Stützpunkte rechtfertigen, für die wir ungefähr 50 Prozent aller Militärausgaben der NATO aufbrachten. Doch mehr als zwei Jahrzehnte nach dem Fall der Berliner Mauer ist der US-Anteil auf über 75 Prozent gestiegen – zu einer Zeit also, da im eigenen Land politisch schmerzliche Budget- und Sozialkürzungen erwogen werden. Die ungeschminkte Realität ist, dass dem US-Kongress – und der Öffentlichkeit insgesamt – die Lust vergehen und die Geduld ausgehen werden, wertvolle Gelder zugunsten von Nationen auszugeben, die offensicht-

lich nicht willens sind, die notwendigen Mittel aufzubrin-
gen und die notwendigen Änderungen vorzunehmen, um
zu ihrer eigenen Verteidigung ernsthafte und leistungsfähige
Partner zu sein. Wenn dieser Trend in Richtung Niedergang
der europäischen Verteidigungsfähigkeit nicht gestoppt und
umgekehrt wird, mag in Zukunft die politische Führungs-
garnitur Amerikas – die nicht vom Kalten Krieg geprägt
worden ist – zu der Ansicht gelangen, dass die Rendite, die
ihre Investition in die NATO abwirft, nicht länger die Kosten wert ist.«

Gates' Nachfolger Leon Panetta hat bereits die Konsequenz gezogen: Zwei der vier in der Bundesrepublik statio-
nierten US-Brigaden werden aus Deutschland abgezogen;
vielmehr kehren sie gar nicht wieder aus dem Irak oder aus
Afghanistan dorthin zurück. Die Amerikaner behalten indes
wichtige Militäreinrichtungen und Nutzungsprivilegien in
Deutschland; und zwar nicht nur den wichtigen Fliegerhorst
Ramstein und das *Regional Medical Center* in Landstuhl,
wohin Tausende von Verwundeten aus Irak oder Afghanistan für ihre medizinische Erstversorgung geflogen wurden,
sondern auch Einrichtungen wie die Auftankstation der US-
Luftwaffe am Flughafen Leipzig.

Aber noch einmal zurück zum Lamento von Panettas Vorgänger. Die Europäer tun in der Tat zu wenig, oder besser: Sie
tun das wenige falsch. In der Darstellung von Gates steckt
jedoch ein Rechenfehler, der sein Argument entwertet. Der
amerikanische Anteil an den NATO-Militärausgaben ist nur
in geringem Maß wegen der verringerten europäischen Ver-
teidigungsbudgets auf 75 Prozent gestiegen. Die Steigerung
ist in erster Linie auf die ständige Erhöhung des Pentagon-
Etats in den Jahren 2000 bis 2010 zurückzuführen. Obama
selber hat es der Welt erklärt: »Seit 9/11 ist das Verteidi-
gungsbudget in außerordentlichem Tempo gewachsen.« Die

Zahlen nanntc cr nicht. Sie sind umwerfend. Nachzulesen in der *Military Balance* des International Institute for Strategic Studies: Streitkräfteumfang im Jahr 2000: 1,274 Millionen Soldaten und Soldatinnen, Verteidigungsetat 280 Milliarden Dollar gleich 3,1 Prozent des Bruttoinlandsprodukts; Streitkräfteumfang im Jahr 2010: 1,563 Millionen Soldaten, Verteidigungsausgaben 712 Milliarden Dollar gleich 4,9 Prozent des Sozialprodukts.

Hätten die Vereinigten Staaten nicht Wunschkriege – *wars of choice* – geführt, wären sie nicht einer sträflichen Übermilitarisierung verfallen, hätten sie nicht uralte Beschaffungsvorhaben unverdrossen fortgesetzt, die nach dem Kalten Krieg niemand mehr braucht, und hätten sie ihre neuen Entwicklungsprojekte nicht in technologisch überkandidelte Höhen geschraubt, die im asymmetrischen Krieg ohne großen Nutzen sind – das Verhältnis zwischen Amerika und Europa sähe für die Europäer schmeichelhafter aus. Dies wäre auch der Fall, wenn das Pentagon statt 2440 Stealth-Jagdbombern bloß 1000 Stück bestellte; wenn das US-Atomarsenal – heute noch an die 2000 einsatzbereite Interkontinental- und U-Boot-Raketen, dazu 8500 eingemottete Sprengköpfe – weit kräftiger gelichtet würde; und wenn von den derzeitigen elf Flugzeugträgerverbänden einige ausgemustert würden.

Die innere Verfassung Amerikas wäre obendrein unvergleichlich viel gesünder. Die Briten zahlen pro Kopf und Jahr 1007 Dollar für Verteidigung, die Deutschen 508, die Japaner 340 – amerikanische Bürger zahlen 2260. Solch eine horrende Summe mag militärische Sicherheit versprechen, doch sie untergräbt die soziale Sicherheit und die gesellschaftliche Stabilität. Auf die Dauer ist derlei budgetäre Bevorzugung des Pentagons nicht durchzuhalten. Es wird sich einschränken müssen – und nicht nur, indem es darauf ver-

zichtet, für einen ganz normalen Hammer 500 Dollar aus-
zugeben. Nur noch ein Viertel der US-Bürger ist für erhöhte
Militärausgaben. Daran werden auch die »Falken« unter den
Republikanern nicht vorbeikommen.

Fortan werden sich die sozialen Ansprüche und Anforde-
rungen der US-Bürger kräftig steigern. 14 Millionen Dauer-
arbeitslose, 40 Millionen ohne Gesundheitsversicherung,
dazu die mittelständische Jugend, die ihre Lebenschancen
dramatisch verkürzt sieht – sie alle werden ihren Anteil ver-
langen. Hinzu kommen die Bedürfnisse und Erwartungen
von Abermillionen neuer Einwanderer. Sie zwingen die Regierung in Washington, den Blick nach innen zu wenden.

Helmut Schmidt hat das früh erkannt. Seit einiger Zeit
argumentiert er, dass die künftige Rolle der Vereinigten
Staaten in der Welt auch bestimmt werde durch die demo-
grafischen Verschiebungen innerhalb der USA. Ausgehend
von der Tatsache, dass die Latinos heute schon mit 50 Millionen die größte nicht weiße Minderheit stellen und ihre
Zahl bis zur Mitte des Jahrhunderts auf 130 Millionen an-
wachsen dürfte, Latinos und Afroamerikaner dann also die
Mehrheit der Wähler stellen werden, erwartet er, dass die
innenpolitischen Probleme Amerikas mehr und mehr an
Gewicht gewinnen. Die sozialen Unterschichten drängten
danach, so räsoniert er, Zugang zu erstklassigen Schulen
und Universitäten zu bekommen, dazu eine bessere Gesundheitsversicherung, verbesserte Aufstiegsmöglichkeiten,
sichere Arbeitsplätze und eine verlässliche Altersvorsor-
ge. »Demgegenüber«, so Schmidt, »wird das Interesse der
amerikanischen Wählerschaft an der Aufrechterhaltung der
Weltordnung und der Verbreitung von Menschenrechten
und Demokratie über den ganzen Erdball zurücktreten.«

Am 22. Juni 2011 richtete Barack Obama vom East Room
des Weißen Hauses aus einen Appell an seine Landsleute,

der Helmut Schmidts Vorhersage als höchst realistisch erscheinen ließ. »Im vergangenen Jahrzehnt haben wir eine Billion Dollar für Krieg ausgegeben, und dies in einer Zeit wachsender Verschuldung und großer wirtschaftlicher Schwierigkeiten. Nun müssen wir in Amerikas bedeutendste Ressource investieren: unser Volk. Wir müssen Innovation ankurbeln, die neue Arbeitsplätze und neue Industrien schafft, und müssen uns dabei nach der Decke strecken. Wir müssen unsere Infrastruktur erneuern und neue, saubere Energiequellen finden.« Der Appell Obamas endete in dem dramatischen Aufruf: »Amerika, es ist an der Zeit, sich auf *nation-building* hier bei uns zu Hause zu konzentrieren!«

Seitdem hat Obama diesen Appell mehrfach wiederholt. Das US-Militär muss schrumpfen und sparen, damit das Land die bröckelnde Grundlage seiner Stärke aufs Neue befestigen kann: die Wirtschaft. Unter diesen Umständen werden die Amerikaner notgedrungen der Versuchung widerstehen müssen, sich leichthin in missionarischer oder auch humanitärer Absicht jenseits der eigenen Küsten ins Völkergetümmel zu stürzen. Dies aber wird sie den Europäern wieder näherbringen. Dieselbe Wirkung wird ihre verstärkte Hinwendung zum sozialstaatlichen Denken haben.

Von Charles de Gaulle stammt der Satz: »Verträge sind wie Rosen und junge Mädchen, sie blühen nur einen Morgen.« Die NATO blüht nun schon viele Morgen. Dies heißt jedoch nicht, dass sie verwelkt wäre und auf den Komposthaufen der Geschichte gehörte. Sie schlappt etwas. Man sollte die Rose gießen, beschneiden und umtopfen. Jedenfalls sollten die Alliierten ihr Bündnis so umgestalten, dass es nicht eingeht, bloß weil es sich besinnungslos überfordert und übernimmt. Die NATO muss sich ehrlich machen, sich auf das Notwendige konzentrieren und sich beschränken auf das, was sie in der heraufdämmernden neuen Weltordnung geopolitisch leisten kann, ohne die innenpolitischen Fundamente ihrer Mitgliedstaaten zu sprengen.

# VII. Die NATO der Zukunft

Das Problem der NATO ist, dass seit Jahren die politische Schaustellerei die gemeinsame strategische Willensbildung überwiegt. Die Allianz wirkt ratlos, in vieler Hinsicht zerstritten, ihrer Bestimmung ungewiss. Und sie ist in Gefahr, sich zu übernehmen. Ihr institutioneller Ehrgeiz ist größer als die Bereitschaft und vor allem das Vermögen der Bündnispartner, die nötigen Mittel zur Umsetzung ihrer hoch gespannten Zielsetzung bereitzustellen. Dies wird sich angesichts der wirtschaftlichen Schwierigkeiten, mit denen alle Bündnispartner sich herumschlagen, auf absehbare Zeit auch nicht ändern. Daran kommt keine nüchterne Analyse vorbei.

Die folgenden Überlegungen über die künftige Zweckbestimmung und Gestalt der Atlantischen Allianz sind, wie könnte es anders sein im Strudel des grundstürzenden Wandels, der die Welt ergriffen hat, tastender und tentativer Natur.

### Nicht nur rüsten – reden!

Es wäre kindisch, den Willen und die Fähigkeit zur Verteidigung durch pazifistische Illusionen zu ersetzen. Die Welt, in der wir leben, ist kein sicherheitspolitisches Schlaraffenland. Es gibt derzeit zwar keinen klassischen Krieg zwischen Staaten. Doch auf mehreren Kontinenten toben blutige Bürgerkriege, der Krieg hat sich entstaatlicht, und die Welt ist voller

Spannungs- und Konfliktlinien, an denen sich jederzeit bewaffnete Konflikte entladen können. In Europa herrscht nach einem Jahrtausend der Bruderkriege endlich Frieden, und die Hoffnung ist mehr als berechtigt, dass kein großer Orlog zwischen den Ländern des Kontinents uns jemals wieder mit seinen Schrecknissen überziehen wird. Aber Europa ist nicht die Welt. Die geopolitischen Stress- und Verwerfungslinien rund um den Globus bergen viel Zündstoff für bewaffnete Auseinandersetzungen. Einige könnten auch die Interessen des Westens berühren.

In einer solchen Welt hat die NATO weiterhin eine Funktion. Sie bietet den Bündnispartnern eine Rückversicherung für den – ziemlich unwahrscheinlich gewordenen – Fall eines Wiederauflebens aggressiv-imperialen Denkens im Kreml. Sie schützt auch künftig die Bündnisgrenzen, zu denen – was viele vergessen – sogar die exponierte türkische Ostgrenze gehört. Mit ihrem eingespielten militärischen Apparat, ihrer Planungskapazität und ihrem soliden logistischen Unterbau kann die Allianz die Vereinten Nationen bei Friedenseinsätzen unterstützen. Als internationaler Katastrophenhelfer vermag sie nützliche und notwendige Hilfe zu leisten. Darüber hinaus muss sie genau beobachten, wie sich das Mächtemuster des 21. Jahrhunderts entwickelt und welche neuen militärischen Bedrohungen daraus entstehen könnten. Doch sollte das Bündnis sich nicht länger bloß als waffenstarrende Feuerwehr verstehen, es müsste vielmehr eine Art weltpolitischer Rauchmelder werden.

Ein derartiges Umdenken setzt allerdings voraus, dass die NATO den militärischen Flecktarn ebenso ablegt wie die einengende Bürokratenkrawatte. Sie muss wieder ein politisches Forum werden, in dem offene und aufrichtige Diskussion zwischen den transatlantischen Partnern möglich ist, muss heraus aus der routinemäßigen Beschäftigung mit sich selbst und muss wieder lernen, über den Brüsseler Tellerrand hinauszublicken.

Dabei tut kühle Analyse not. Was bedroht uns wirklich existenziell? Was müssen, was können wir dagegen tun? Und auf der Suche nach den richtigen Antworten dürfen wir die nüchterne Prüfung nicht einseitigem militärischem Sicherheitsdenken opfern. Nicht jede Gefahr, nicht jede Bedrohung, nicht jedes Risiko ist ein Nagel, auf den der militärische Hammer passt. Dieser Hammer darf immer nur das letzte Mittel sein. Politik und Diplomatie müssen stets den Vorrang haben. Konfrontationspolitik verschärft die Abgrenzung. Sie verringert die Möglichkeit, Gesprächskanäle zu eröffnen. Damit verschüttet sie nicht nur den Zugang zu Ausgleich und Einigung, sie stößt auch Prozesse an, in denen die krampfhafte Fixierung auf den schlimmsten Fall leicht zu einer sich von selbst erfüllenden Prophezeiung wird. Das *Worst case*-Denken muss überwunden und ersetzt werden durch ein Denken, das sich auf die wahrscheinlichsten Fälle konzentriert. Die Endzeitschlacht von Armageddon, der alles verheerende große Atomkrieg, gehört nicht dazu, und zu ideologiegetriebenen Umsturz-Interventionen in fernen Ländern wird sich fürs Erste auch niemand mehr hineinreißen lassen.

Mitten im Kalten Krieg rang sich die NATO nach den Vorschlägen des 2009 verstorbenen belgischen Politikers Pierre Harmel zu einer Doppelstrategie durch, die militärische Stärke mit Verhandlungsbereitschaft verband. Rüsten und Reden war von 1967 an die Devise. Auch für die Zukunft ist dies eine empfehlenswerte Kombination. In der gegenwärtigen Epoche, in der eine neue Weltordnung aus den Trümmern der alten erwächst, mag es in manchen Fällen sogar ratsam sein, dem Rüsten das Reden vorzuschalten, um einen Rüstungswettlauf zu verhindern, den am Ende doch alle bedauern würden. Dies gilt zumal für den Umgang mit China. Selbst gegenüber dem Iran ist, um es mit Winston Churchill zu sagen, *jaw-jaw* allemal besser als *war-war.*

## Amerika und Europa: Mars und Venus?

Je kraftvoller die neu aufsteigenden Mächte ins Rampenlicht der Weltbühne treten, desto klarer werden Amerikaner und Europäer wieder erkennen, was sie aneinander haben. Die vielfältigen Beschwörungen eines breiter werdenden »Grabens«, einer »Kluft« zwischen ihnen, selbst einer »Scheidung« der transatlantischen Partner sollten uns nicht irre machen. Solche Lamentos sind seit 60 Jahren zu hören.

Schon 1959, vier Jahre nach ihrer Gründung, klagte der US-Strategieprofessor Klaus Knorr über *the strained alliance,* das »Bündnis unter Stress«. Jüngst erst belehrte uns Robert Kagan herablassend-missbilligend, dass die Europäer auf der Venus leben, die Amerikaner jedoch auf dem Mars: Bushs USA in einer Hobbes'schen Welt, wo internationale Regelungen und das Völkerrecht ohne Belang sind, da nur militärische Stärke zählt; in einem Kant'schen Paradies des Ewigen Friedens Europa, das auf Gesetze und Regeln baut, auf transnationale Verhandlungen und internationale Kooperation. Kagan vergaß hinzuzufügen, warum dies so ist: weil wir Europäer nämlich vom Mars kommen – von Austerlitz und Auschwitz, der Varusschlacht und Verdun, Solferino und Stalingrad, Coventry und Dresden. Unsere kriegerische Phase haben wir hinter uns. Inzwischen kommen auch die Amerikaner wieder weniger martialisch daher.

Die Geschichte der Atlantischen Allianz war oft genug eine Geschichte gravierender Differenzen: über Hähnchenhandel und Mannesmann-Röhren, Inflationsraten und Nuklearstrategie, Bananen und Beef, Irak und Guantanamo,

Abrüstung und Klimawandel. In der Ära Bush führte die Entfremdung fast zum Bruch.

Doch all dies ist nur die halbe Wahrheit. Wahr ist auch, dass Amerikaner und Europäer noch immer mehr miteinander gemein haben als mit irgendjemand sonst in der Welt, dass sie dabei sind, mit ihren Differenzen leben zu lernen.

Ihre historische, kulturelle, philosophische Wesensverwandschaft bindet sie weiterhin zusammen. Für beide ist China inzwischen zum wichtigsten Handelspartner geworden, doch ihre wirtschaftliche Verflechtung ist breiter und tiefer. Amerikanische Firmen geben in Europa Millionen Menschen Arbeit und Brot; umgekehrt arbeiten Millionen US-Bürger in den amerikanischen Filialen europäischer Unternehmen. Drei Viertel der Auslandsinvestitionen in Amerika stammen aus Europa, 56 Prozent der US-Auslandsinvestitionen fließen in die Europäische Union. Und die Heerschaaren von Touristen, die alljährlich den Atlantik überqueren, liefern den Beweis, dass auch die noch immer existierende emotionale Nähe zueinander weiterhin große Bindekraft hat.

Beide werden die gegenwärtige Krise meistern. Amerika hat bewundernswerte Steher- und Stehaufmännchen-Qualitäten, und auch die Europäer werden sich aus ihrer derzeitigen Malaise herausarbeiten. Wenn alle erst einmal den Kopf wieder frei haben, werden sie ein demografisches Faktum entdecken, das sie nachdenklich stimmen muss. Mitte des 21. Jahrhunderts werden 9 Milliarden Menschen auf der Erde leben, davon je eine halbe Millliarde in Nordamerika und in der Europäischen Union. Getrennt voneinander stünden sie mit ihren jeweils 500 Millionen Einwohnern 8 Milliarden Menschen im Rest der Welt gegenüber. Zusammen hätten sie mit immerhin 1 Milliarde Einwohner weit bessere Aussichten, sich behaupten zu können.

Die Vereinigten Staaten sind nicht mehr der Welthegemon, aber sie bleiben auf absehbare Zeit die stärkste Macht der Erde. Doch auch die Europäische Union ist keine vernachlässigbare Größe. Sie hat mit einer halben Milliarde Menschen nach China und Indien die drittgrößte Bevölkerung der Welt. Ihre Wirtschaftsleistung von 18 Billionen Dollar ist um 2 Billionen größer als die amerikanische und mehr als doppelt so groß wie die chinesische. Sie ist der größte Geber von Entwicklungshilfe. Weiter ist die EU bei all ihren Schwächen die zweitgrößte Militärmacht der Welt. Frankreich und England allein geben zusammen etwa so viel für Verteidigung aus wie China. Die europäische Wirtschaft mag gegenwärtig kriseln, und im Vergleich mit dem üppigen Pentagon-Budget nehmen sich die europäischen Wehretats bescheiden aus. Aber ökonomisch wie militärisch bleiben Amerika und Europa komplementäre Größen.

Europa braucht in dem derzeit unwahrscheinlichen, jedoch nicht für alle Zeiten verlässlich auszuschließenden Fall einer wiederkehrenden existenziellen Bedrohung die strategische Potenz der USA. Umgekehrt brauchen die Amerikaner gerade dann, wenn sie sich nun stärker nach Asien wenden, den Rückhalt an der wirtschaftlichen und diplomatischen Potenz der Europäer – im Mittelmeer und in dem krisengeschüttelten Mittleren Osten, im frühlingsfiebernden arabischen Krisenbogen und im unruhigen Schwarzafrika. *Soft power* ergänzt *hard power*. So profitieren beide von der transatlantischen Verklammerung in der NATO.

### Zurück zu den Wurzeln

Die NATO-Mitglieder müssen sich ganz neu über Sinn und Zweck ihres Bündnisses in der heutigen Zeit verständigen. Einfach wird dies nicht sein, denn die Vorstellungen, die darüber im Schwange sind, gehen auf beiden Seiten des Atlantiks weit auseinander.

Die erste, extremste Richtung vertritt John Kornblum, als US-Botschafter in Berlin einst der letzte »Vizekönig« auf diesem Posten und von jeher ein glühender Verfechter des amerikanischen Primats in der Atlantischen Allianz. Er hält den Versuch der Europäer, sich im Rahmen der NATO eine eigene Verteidigungsidentität zu geben, von Grund auf für verfehlt. Die Folge, die er in *The Security Times* ausmalte: »Die transatlantische Sicherheitsgemeinschaft ist für die Vereinigten Staaten bei der Verfolgung ihrer Interessen immer weniger von Nutzen.« Die Europäer hätten ihre Fähigkeit verloren, auf der poltisch-militärischen Weltbühne ein Wörtchen mitzureden, woraufhin Amerika es aufgegeben habe, seine Sicherheitsinteressen gemeinsam mit den europäischen Partnern zu definieren. Als Remedur schwebt Kornblum vor, »dass Europa sich wieder aktiv der Alantischen Gemeinschaft anschließt« – eine merkwürdige Formulierung, die im Kern besagt, die Europäer sollten sich wieder allem unterwerfen, was aus Washington kommt, seien es Verteidigungsdoktrinen, Strategien, Kriegsgründe oder Forderungen nach *burden-sharing*. Damit wäre in der Tat die angeknackste amerikanische Hegemonie wiederhergestellt. Aber so wird es nicht gehen. Eine Allianz kann nicht funktionieren, in der das jeweilige nationale Interesse der stärksten Macht das Definitionskriterium für den Einsatz der Bündnisstreitkräfte ist.

Der jüngst verstorbene Ronald Asmus plädierte für eine weniger rabiate Lösung: eine Erweiterung des NATO-Pflichtenhefts auf Eventualfälle jenseits der Bündnisgrenzen. Die Allianz, so argumentierte er leidenschaftlich, müsse den neuen Risiken, Gefährdungen und Bedrohungen ebenso wirksam gegenübertreten wie den Sowjets während des Kalten

Krieges – gleichgültig, aus welcher Richtung, aus welcher Entfernung und mit welcher Wucht sie sich präsentierten. Fortan müsse sie sich in der Rolle des »Stabilitätsprojektors« auf Regionen weit außerhalb der Bündnisgrenzen profilieren.

Auf dem Balkan hat solcher Stabilitätstransfer in der Tat funktioniert, doch je weiter sich das Bündnis von der eigenen Peripherie entfernte, desto schwieriger war die neue Rolle durchzuhalten und desto unbefriedigender auch der Erfolg. Und je klarer es in der Amtszeit von George W. Bush wurde, dass die Allianz damit letztlich zum Erfüllungsgehilfen Washingtons bei der Realisierung seiner geopolitischen Träume wie seiner Neigung zu militärischem Aktionismus werden sollte, desto mehr Zweifel regten sich an dieser neuen Ausrichtung. Gleichwohl hielt Asmus an seinem Konzept fest. Bis zuletzt blieb er bei seiner Botschaft: »Die NATO muss eine weltweite Allianz werden – eine, die sich in Ländern und Gebieten weit jenseits des europäischen Herzlands engagiert, und dies in Missionen, die das Vorstellungsvermögen der Gründer weit übersteigen.«

Die Schwierigkeit mit diesem Konzept liegt darin, dass Washington begierig darauf ist, die europäischen Verbündeten ins weltumspannende Obligo zu nehmen, aber nur wenig Neigung verspürt, ihnen ein Mitspracherecht bei der Festlegung der Notwendigkeiten und Möglichkeiten des Handelns einzuräumen. Die Allianz wird im Pentagon gern als Hemmschuh gesehen, der die eigene Handlungsfreiheit einengt. Lieber verließ sich Donald Rumsfeld als US-Verteidigungsminister auf »Koalitionen der Willigen«. Alliierte waren ihm wichtiger als die Allianz; die diente ihm nur als Werkzeugkasten (mit Gratiszugriff, versteht sich). Doch ohne wirkliche Mitsprache werden sich die Europäer schwerlich bereitfinden, den Amerikanern auch nur einen Teil der Bürde ihrer globalen Verantwortung abzunehmen.

Wirklichkeitsnäher ist der Bericht, den das *Washington NATO Project* unter der Federführung von Daniel Hamilton 2009 vorgelegt hat. Er geht davon aus, dass die transatlantische Partnerschaft auch in Zukunft eine bedeutsame Rolle zu spielen hat; dass sich die NATO nicht nur auf den Terrorismus oder auf potenzielle zwischenstaatliche Konflikte konzentrieren darf, sondern ihre Aufmerksamkeit vordringlich auf eine »Vielzahl unorthodoxer Herausforderungen« richten muss; und dass sie zu diesem Ende ihre Institutionen und Mechanismen, besonders die Partnerschaft zwischen den USA und der EU, »repositionieren« sollte. Ein neuer Konsens über den Auftrag der NATO ist Hamiltons Ziel. Drei Schwerpunkte skizziert sein Bericht: Krisenverhinderung und Krisenreaktion; Stabilisierungs- und Wiederaufbau-Operationen und bessere Zusammenarbeit mit internationalen und regionalen Organisationen.

Realistischerweise geht Hamilton von der Erkenntnis aus, dass zusätzliche Finanzmittel nicht zur Verfügung stehen werden, sondern dass eher mit einem Sinken des Verteidigungsetats zu rechnen ist. Deshalb schlägt er vor, die NATO-Kommandostruktur weiter zu straffen, die wuchernden Agenturen und Subagenturen der Allianz kräftig zurückzustutzen und nach zwei Jahrzehnten, in denen das Schlagwort *out of area, out of business* galt, externe und interne Aspekte wieder ins Gleichgewicht zu bringen. Eine Umschichtung der vorhandenen Mittel soll die Handlungsfähigkeit des Bündnisses erhöhen. Aus der Fülle detaillierter Vorschläge ragt vor allem eine Anregung heraus, die inzwischen aufgegriffen worden ist: den überzogenen Ehrgeiz aufzugeben, gleichzeitig zwei große Kriege und sechs kleinere Unternehmen durchführen zu können. Dem liegt die Einsicht zugrunde, dass die NATO sich nicht weit genug »strecken« kann, um das ganze Spektrum der neuen Herausforderungen allein abzudecken. Dafür muss sie sich mit anderen Partnern zusammentun – nach der Devise *stretch and connect*.

Auch diese Empfehlungen verraten noch viel zu viel Ehrgeiz. Die Erfahrung der vergangenen Jahre sollte uns Bescheidenheit lehren. Sie bietet allen Anlass, die eingängige These, die NATO müsse *out of area* gehen, um im Geschäft zu bleiben, vom Kopf auf die Füße zu stellen. In Wahrheit ist sie in Gefahr, *out of business* zu gehen, wenn sie sich zu weit und zu tief in ferne Händel verstrickt. Vielmehr muss sich das Bündnis wieder auf seine ursprüngliche Bestimmung besinnen. »Zurück zu den Wurzeln« muss die Leitlinie sein. Die NATO ist zur Verteidigung der Mitgliedstaaten gegründet worden, nicht als Aufmarschgebiet, Arsenal und Angriffsbasis für militärmissionarische Bekehrungsexpeditionen oder bewaffnete Samariterkampagnen eines weltweit agierenden Interventionsverbandes. Der eigene Frieden sollte bewahrt und notfalls wiederhergestellt werden, nicht der fremde Friede in fernen Zonen.

Gegen massive direkte Bedrohungen muss sich die NATO auch in Zukunft wehren können, doch darf sie solche Bedrohungen nicht einfach erfinden. Schon gar nicht darf sie sich auf die Suche nach einem neuen, die untergegangene Sowjetunion ersetzenden Angstgegner machen. Solange sich Russen und Chinesen neben den übrigen Mächten nur den ihnen gebührenden Platz »an der Sonne« zu sichern suchen, besteht keinerlei Anlass, sie zu verteufeln. Vielmehr sollten Europa und Amerika ruhig ein Stück zur Seite rücken und Zusammenarbeit suchen. Eine Politik der Entspannung wird dem Anliegen, sie friedlich in die Weltordnung zu integrieren, dienlicher sein als eine Politik der vorbeugenden Konfrontation. Sollten sich ihre Absichten gleichwohl als sinister erweisen, so bliebe Zeit genug, ihnen mit einer besonnenen

Gleichgewichtspolitik Schranken zu setzen. Eine solche Entwicklung im Vorgriff auf eine befürchtete oder eingebildete Zukunft mit manichäischer Geste an die Wand zu malen, rechtfertigt in keiner Weise, unsere Verteidigungsausgaben auf eine Höhe zu hieven, die den gegenwärtig sichtbaren Bedrohungen absolut unangemessen ist.

Wenn jetzt in der Allianz ständig der Ruf nach *burden-sharing* erhoben wird, so ist dies in erster Linie ein Ausweis der Denkträgheit. Die Unterstellung, dass die derzeitigen Verteidigungslasten in der NATO neu verteilt (konkret: von den Amerikanern weiter auf die Europäer abgewälzt) werden müssen, verkennt die tatsächlichen Notwendigkeiten und Möglichkeiten. An ihnen geht auch die penetrant erhobene Forderung vorbei, den Anteil der europäischen Streitkräfte an der Bruttoinlandsproduktion schematisch auf 2 Prozent oder möglichst noch darüber zu erhöhen. In Wirklichkeit kommt es einzig und allein darauf an, die Bürde für alle zu verringern. Dem *burden-sharing* muss ein *burden-shedding* vorausgehen, ein Abwerfen drückender Lasten. Dies heißt: Die NATO-Partner müssen der Versuchung widerstehen, sich überall einzumischen, wo die Dinge aus dem Lot geraten sind. Diktatoren stürzen, Menschenrechte durchsetzen, muslimischen Mädchen den Schulbesuch ermöglichen – das sind hehre Anliegen. Aber sind unsere Streitkräfte dafür da?

### Intervenieren – ja, nein, jein, na ja?

Dies führt unmittelbar zu der Frage: Wann ist militärisches Eingreifen unumgänglich? Wann ist es vertretbar? Wann jedoch sollte man sich auf alle Fälle davor hüten?

Meine Meinung dazu ist klar. Sie unterscheidet sich von der Ansicht derer, die an die Stelle des klassischen territorialen Imperialismus nun einen moralischen Imperialismus setzen möchten – so George W. Bush und seine kriegsgierigen Freiheitsapostel oder der Pariser Großphilosoph Bernard-Henri Lévy, der Immanuel Kant abmeierte und den französischen Staatspräsidenten in das libysche Abenteuer trieb. Die innere Verfassung fremder Länder ist ihnen das Wichtigste, die Verbreitung der Demokratie die überragende Aufgabe. Ich halte es hingegen eindeutig mit jenen, denen die Verhältnisse in fremden Ländern nicht gleichgültig sind, die sich über die Verletzung der Menschenrechte empören, die dafür Verantwortlichen anprangern und auf Wandel drängen, die jedoch nicht glauben, dass militärisches Eingreifen das geeignete Mittel zur Abhilfe ist. Und dies nicht nur, weil jeder Krieg die Hölle ist; weil er die Kämpfer verroht, schon weil ihnen die Angst im Nacken sitzt; und weil selbst die besten Motive das Abgleiten in die Brutalität nicht verhindern können.

Das Argument, die Armeen der westlichen Länder seien dazu da, unsere Werte zu verteidigen, nicht unsere Grenzen, basiert auf einer fatalen Fehleinschätzung unserer Möglichkeiten. Gewiss, *innerhalb* unserer Grenzen müssen wir unsere Werte verteidigen. Nicht jedoch dürfen wir uns dazu verleiten lassen, wo auch immer mit Waffengewalt »für ein wenig internationale Ordnung und etwas Schutz der Menschenrechte zu sorgen«, wie es einmal in der *ZEIT* zu lesen stand. Dazu verpflichtet uns auch die *Responsibility to Protect* (R2P) nicht, jenes Prinzip der »Schutzverantwortung«, das der UN-Weltgipfel 2005 billigte und das die internationale Gemeinschaft zum Eingreifen ermächtigt, wenn ein Staat seiner Verantwortung nicht gerecht wird, die eigene Bevölkerung vor Völkermord und Menschenrechtsverletzungen zu schützen. In dieser entstehenden Norm wird eine kollektive Pflicht der Staaten zum Intervenieren postuliert, was bei Massentötungen und im Falle brutaler ethnischer Säuberung auch die Befugnis zur militärischen Intervention einschließt. Eine völkerrechtliche Bindungswirkung kommt dieser Norm jedoch bisher nicht zu. Da sie zwei tragende Pfeiler der Westfälischen Ordnung von 1648 und der UN-Charta ankratzt, die Souveränität der Staaten und das Interventionsverbot in die inneren Angelegenheiten anderer Länder, wird sie, selbst wenn man von den praktischen Schwierigkeiten der tatsächlichen Anwendung absieht, theoretisch und politisch stets umstritten bleiben.

Abgesehen davon kann auch »R2P« den alten Rechtsgrundsatz nicht aus den Angeln heben: *ultra posse nemo obligatur* – frei übersetzt: Niemand kann zu etwas genötigt werden, das sein Leistungsvermögen übersteigt. Die NATO-Partner wären gut beraten, wenn sie sich an das realpolitische Prinzip des amerikanischen Stardiplomaten und Historikers George F. Kennan hielten, wonach es die oberste Schuldigkeit einer Regierung ist, die Gesamtinteressen der Nation zu wahren, nicht aber den moralischen Impulsen zu folgen, die Teile der Gesellschaft gerade anwandeln. Kennans Ratschlag ist auch heute beherzigenswert: sich vor Militärinterventionen zu hüten, solange nur unser Zartgefühl verletzt ist, nicht aber unsere Interessen berührt sind.

Pauschale Vorstellungen von der Überlegenheit der Demokratie und der Möglichkeit, sie überall durchzusetzen, stoßen sich – die Beispiele haben es gezeigt – hart im Raume mit den Realitäten: der Geschichte, der Kultur, den überkommenen gesellschaftlichen Zerklüftungen in fernen Ländern. Günther Nonnenmacher, der weltkluge Leitartikler der *Frankfurter Allgemeinen Zeitung*, hat recht: »Völkern, die, was Bildung und Entwicklung angeht, in einem vormodernen Zustand sind (oder gehalten wurden), ist die westliche Moderne fremd, der Sprung dorthin deshalb zu groß. Das lässt sich auch da feststellen, wo diese Moderne nach einer militärischen Invasion mit den Mitteln des *Na-*

*tion Building* oder *State Building* eingeführt werden sollte: etwa in Afghanistan oder im Irak […] Nirgendwo will das Blutvergießen aufhören; neue Kräfte gruppieren sich nach traditionellen – ethnischen oder religiösen – Trennlinien; eine Kompromisskultur westlichen Zuschnitts hat dort bisher so gut wie keine Chancen.«

Was nicht bedeutet, dass bewaffnete Interventionen ein für alle Mal auszuschließen wären. Sie sind es dort nicht, wo Unruhen – etwa auf dem Balkan – die Sicherheit und die Stabilität der Europäischen Union höchst unmittelbar bedrohen. In solch einem Falle wäre ein Eingreifen mit allen Mitteln gerechtfertigt, selbst wenn der UN-Sicherheitsrat seine Zustimmung verweigern sollte. In allen anderen Fällen jedoch muss die Einsicht unser Handeln bestimmen, dass es in der eigenen Außen- und Sicherheitspolitik um die Außenpolitik fremder Staaten, nicht um deren innere Verfassung geht. Die sollte Gegenstand von Leitartikeln sein, nicht Kriegsgrund.

Noch einmal die Frage denn: Wann ist militärisches Eingreifen statthaft? Wann ist es geboten?

Die Antwort ist so banal wie einleuchtend: Es kommt darauf an. Man wird von Fall zu Fall entscheiden müssen. Richard Haass, einst Planungschef im State Department (wo er George W. Bushs Irakkrieg nicht verhindern konnte), nun Präsident des Council on Foreign Relations in New York, hat dafür handlungsleitende Kriterien formuliert, die sich jeder verantwortliche Staatsmann oder Militär hinter den Spiegel stecken sollte. Er schreibt: »Es geht nicht darum, alle *wars of choice* grundsätzlich auszuschließen. Vielmehr kommt es darauf an, dick zu unterstreichen, dass jede Entscheidung für einen solchen Krieg nur nach der rigorosesten Analyse der wahrscheinlichen Kosten-Nutzen-Berechnung des Handelns getroffen werden darf – und zugleich der

Kosten-Nutzen-Berechnung bei anderem politischen Vorgehen einschließlich des Nichthandelns. Dabei sind an *wars of choice* hohe Maßstäbe anzulegen, wenn die menschlichen, militärischen und ökonomischen Kosten gerechtfertigt werden sollen. Es gibt unbegrenzte Möglichkeiten, Waffengewalt einzusetzen – aber nur begrenzte Möglichkeiten, dies auch wirklich zu tun […]. Der Einsatz militärischer Gewalt, um Regime zu stürzen und Demokratien aufzubauen, ist einfach zu kostspielig, der Ausgang zu ungewiss, als dass er ein nachhaltiger außenpolitischer Ansatz sein könnte.«

Von Clausewitz haben wir gelernt, dass der Krieg das Gebiet des Zufalls ist und dass der Kriegsplan selten den ersten Zusammenstoß mit dem Feind überlebt – dass es also in der Regel anders kommt als beabsichtigt. »Es ist im Krieg alles einfach«, sagt der preußische Militärtheoretiker, »aber das Einfachste ist schwierig.« Diese Erkenntnis allein zwingt zu Vorsicht und Umsicht. Die Erfahrung bestätigt auch den Satz George Kennans: »Ein jeder, der je die Geschichte der Diplomatie und besonders der Militärdiplomatie studiert hat, weiß, dass man mit bestimmten Vorstellungen in einen Krieg hineingeht, am Ende aber erlebt, dass man für Dinge kämpft, an die man niemals zuvor gedacht hat.« Die deutsche »Kultur der Zurückhaltung« findet hier in allen Fällen, in denen es nicht um Verteidigung geht, ihre Rechtfertigung.

Auch ist zu bedenken, dass demokratische Regierungen letztlich stets die Meinung der Wähler über außenpolitische Erwägungen, Erwartungen und Verpflichtungen stellen und stellen müssen. Dies hat Henry Kissinger schon in seiner Doktorarbeit über Metternich und Castlereagh erkannt: »Die härteste Probe für jede Politik kommt dann, wenn es gilt, innenpolitische Zustimmung zu gewinnen … Schießt (der Staatsmann) zu sehr über die Erfahrung seiner Nation hinaus, wird man ihn innenpolitisch nicht verstehen.« Gegen die öffentliche Meinung ist eine Politik militärischer Einmischung zu hohen Kosten und mit ungewissen Erfolgsaussichten nicht durchzuhalten.

Zu dieser Einsicht sind mittlerweile so gut wie alle westlichen Völker gelangt. Die Deutschen, wenn sie sich diese Einsicht ebenfalls zu eigen machen, brauchen sich nicht einzureden (oder einreden zu lassen), dass sie sich damit ein weiteres Mal auf einen »Sonderweg« begäben. Vielmehr sollte es ihnen Genugtuung bereiten, dass ihre Kultur militärpolitischer Zurückhaltung nach vielerlei misslichen Erfahrungen mit besinnungslosem Drauf- und Dreinschlagen auch anderswo Schule macht.

## NATO – aber wie?

Auf die Frage, welchen Sinn und Zweck die NATO heute noch habe, hat Helmut Schmidt unlängst geantwortet: »In Wirklichkeit ist sie überflüssig.« Er sieht in ihr nur noch einen »Riesenkraken von Bürokratie«, teils militärisch, teils zusammengesetzt aus Diplomaten und Tausenden von Hilfskräften. Objektiv gesehen handelt es sich bei dem westlichen Bündnis aus seiner Warte letztlich um ein reines Instrument der amerikanischen Weltstrategie. Am liebsten würde der Altbundeskanzler die NATO abschaffen und nur noch den Vertragsrahmen des Nordatlantikpakts aufrechterhalten, nicht aber die riesenhafte Pakt-Apparatur. Er will nur noch NAT, den *North Atlantic Treaty*, nicht mehr NATO, die *North Atlantic Treaty Organization*.

Diese Auffassung wird viele befremden. Sie werden Helmut Schmidt entgegenhalten, dass man seine Feuerversicherung nicht aufgibt, bloß weil einem die Feuerwehr nicht gefällt. Schmidts Vorschlag zielt in der Tat ja auch über das Ratsame und Gebotene hinaus. Die Vertragsorganisation völlig aufzulösen, erscheint angesichts der denkbaren Bedrohungen, seien sie auch noch so unwahrscheinlich, reichlich riskant. Auch stellt das Bündnis mit seinen integrierten Planungs- und Kommandostrukturen, seinem Informations-, Kommunikations- und Logistik-Unterbau, seinen fortlaufend geübten Einsatzverfahren und seiner Verklammerung der Nordamerikaner mit den Europäern einen Wert an sich dar – so weit jedenfalls, wie es sich auf seinen eigentlichen Verteidigungsauftrag beschränkt und für limitierte Einsätze im Auftrag der Vereinten Nationen oder im Dienste internationaler Katastrophenhilfe bereitsteht.

Völlig berechtigt ist jedoch die Forderung, der krakenhaften Bürokratie der NATO kräftig die Tentakel zu stutzen. Es ist schon jetzt ein Unding, dass der Bündnisapparat mit militärischen und zivilen Amtsträgern in Divisionsstärke besetzt ist. Nach dem Ende der Kriege im Irak und in Afghanistan wäre es vollends widersinnig, diese aufgeblähte Schreibtischtruppe im gegenwärtigen Personalumfang bestehen zu lassen und ihr zu gestatten, sich weiterhin in ihren Eigengesetzlichkeiten und in der Beschäftigung mit sich selbst zu baden.

Unumgänglich ist es zugleich, die Übermacht des militärischen Denkens einzudämmen, besonders die Übermacht des im Pentagon vorherrschenden Denkens. Als bloßes Instrument amerikanischer Weltmachtstrategie hat die NATO keine Zukunft. Weltweiter Interventionismus kann nicht ihr Auftrag sein. Vielmehr sollte sie deutlich die Grenzen ihrer Interessensphäre und damit ihres potenziellen Aktionsraumes markieren. Dabei muss Realismus ihr die Feder führen. Was sie in Nahost und Nordafrika, in der unruhigen Kaukasusregion oder gar in Zentralasien an Verantwortung übernehmen soll, bedarf sorgfältigster Überlegung. Zur See allerdings muss sie sich aktiv einmischen, wo immer es um die Sicherung der Handelswege geht, ohne deren reibungsloses Funktionieren unsere Wirtschaft zusammenbrechen würde: am Horn von Afrika, in der Arabischen See, im Indischen Ozean und in der Straße von Hormus. Darüber hinaus jedoch? Kaum. Ein Eingreifen in der Straße von Malakka wäre wohl eher die Aufgabe der regionalen Mächte. Daran werden auch die strategischen Partnerschaften wenig ändern, die das Bündnis mit asiatisch-pazifischen Staaten schließt. Sie müssen überhaupt erst einmal mit konkretem Inhalt gefüllt werden – was aber schwerlich darauf hinauslaufen wird, dass die NATO als solche sich auf der anderen Seite des Globus engagiert. Dies muss den USA und ihren dortigen Verbündeten überlassen bleiben.

Schon im Hinblick auf näher liegende Gebiete erhebt sich die Frage, ob jene NATO, die sich in den zurückliegenden Jahren zunehmend herauszubilden schien, wirklich ein attraktives Zukunftsmodell ist: eine NATO nämlich, die letztlich nur noch einen Werkzeugkasten darstellt, aus dem sich einzelne Mitglieder – »Koalitionen der Willigen« – in besonderen Fällen aus guten oder schlechten Gründen bedienen, die Unwilligen beiseiteschiebend oder zum zähneknirschenden Mittun in den gemeinsamen Bündnisstrukturen nötigend. Hier wird sich die NATO entscheiden müssen. Entweder sie bleibt ehern beim Konsensprinzip: Dann wird sie als Gesamtverband handlungsunfähig und schiebt auf diese Weise einzelnen Staaten, die glauben, ihre Interessen wahren zu müssen, die legitime Option zu, isoliert vom Bündnis zu agieren. Es wäre dies der Anfang vom Ende der NATO.

Oder sie bricht ganz mit dem Konsens-Grundsatz, gibt das Vetorecht der Mitglieder auf und macht damit die Bahn frei für »Koalitionen der Willigen«, die sich aus dem Arsenal der Allianz bedienen dürfen. Die Entscheidungs- und Durchführungsgewalt läge dann, wie es gelegentlich schon vorgeschlagen wurde, bei einem *committee of contributors,* einem Lenkungsausschuss der eingreifbereiten Truppensteller. Praktisch würde dies bedeuten, dass die Führungsmacht USA oder auch, wie im Falle Libyen, Frankreich und Großbritannien aggressiv vorangehen, aber die Infrastruktur des Bündnisses benutzen dürfen und am Ende das ganze Unternehmen auch noch der NATO aufbürden können. Es bedeutet aber auch, dass »Unwillige« ihre Militärs aus bündnisgemeinsamen Einheiten abziehen dürfen, wie Deutschland dies im Libyen-Krieg mit seinen AWACS-Besatzungen getan hat.

Vernünftiger wäre da eine Regelung, wonach jede Einsatzentscheidung von einer Zweidrittelmehrheit gebilligt werden muss, aber dann auch die unterlegene Minderheit sich dem Votum der Mehrheit fügt und – widerwillig, doch loyal – mitmacht. Wie so oft, hat freilich auch in diesem Falle das Vernünftige nicht die geringste Chance. Die NATO wird daher mit der Ungewissheit leben müssen, wie sich ihre Mitglieder im künftigen Fall jeweils entscheiden. Verlass wäre dann nicht mehr auf sie. Dies ist vielleicht das stärkste Argument dafür, sich wieder auf die ursprüngliche Bestimmung zu besinnen und aufs Neue Verteidigung pur zum einzigen Bündniszweck zu machen.

Umstritten ist in der NATO nicht nur die Zielsetzung der Allianz. Noch ein anderes Thema muss in diesem Zusammenhang aufs Tapet: die Art und Weise, wie das Pentagon die Strategie des Bündnisses den Alliierten rücksichtslos und weithin konsultationslos aufs Auge drückt. Es kann nicht angehen, dass die Europäer stets fraglos und klaglos schlucken, was ihnen die Amerikaner vorsetzen. Dabei geht es in erster Linie um zwei neue Schwerpunkte, die sich letzthin im strategischen Denken der US-Generalität immer deutlicher herausgeschält haben: der verstärkte Einsatz von Spezialkräften und der um sich greifende Einsatz von Drohnen zum Zwecke des *targeted killing*. Beides wirft nicht nur militärtechnische, sondern vor allem auch moralische Fragen auf.

Der Einsatz von *special forces* ist nichts Neues. Neu ist etwas anderes – der Umfang der Spezialkräfte nämlich und die hervorgehobene Rolle, die ihnen die neue amerikanische Strategie zuweist. Dem *Special Operations Command* unterstehen heute sage und schreibe 66 000 Leute – eine Verdoppelung seit 2001. Vier Fünftel waren zuletzt im Mittleren Osten eingesetzt; künftig sollen 12 000 rund um den Globus stationiert bleiben. Das Budget – 2001: 4,2 Milliarden – beläuft sich mittlerweile auf jährlich 10,5 Milliarden Dollar und soll weiter aufgestockt werden. In einer Zeit sinkender Wehretats, schrumpfender Truppenstärken und wachsenden Widerwillens der Öffentlichkeit gegen lange Abnutzungskriege in fernen Ländern gilt der Krieg per Stoßtrupps in Washington als vielversprechendes Zukunftsmodell. Aber soll sich die NATO wirklich auf diesen Weg begeben?

Gravierende Fragen militärischer, völkerrechtlicher und ethischer Natur wirft ferner die Häufung von Droneneinsätzen auf. Soll die Strategie des *targeted killing* durch unbemannte Mordroboter wirklich zur verbindlichen Strategie der Allianz werden?

Die gezielte Tötung mutmaßlicher Gegner durch *Unmanned Aerial Vehicles* (UAVs, ferngesteuerte Lenkwaffen) ist unter dem Nobel-Friedenspreisträger Obama zu einem bevorzugten Kampfmittel geworden. Seit seinem Amtsantritt sind allein in Pakistan bei etwa 250 Drohnenangriffen über 1500 Taliban-Kämpfer getötet worden. Nimmt man die Einsätze im Jemen und Somalia hinzu, so erhöht sich die Zahl der Drohnenopfer auf mindestens 2000, nicht gerechnet mehrere Hundert unabsichtlich »nebenher« getötete Unschuldige.

Vor zehn Jahren verfügten die amerikanischen Streitkräfte und der Auslandsgeheimdienst CIA über 60 Drohnen, inzwischen sind es 7000. Die Kosten für Anschaffung und Instandhaltung der Flotte sind auf über 4 Milliarden Dollar gestiegen. Die Luftwaffe bildet bereits mehr Drohnenpiloten als F-16-Piloten aus, und Drohnen bringen mehr Flugstunden auf die Uhr als reguläre Kampfflugzeuge. Vom Luftwaffenstützpunkt Creech in der Wüste von Nevada aus werden die unbemannten Flugkörper des Typs »Predator« und »Reaper« über 12 000 Kilometer rund um den halben Globus geschickt. Erfolgreich wurden sie zur Aufklärung in Libyen gesetzt, desgleichen zur Geländeüberwachung im bürgerkriegsgeschüttelten Syrien. Eine »Sentinel«-Drohne erkundete den Zufluchtsort von Osama bin Laden im pakistanischen Abbottabad.

Drohnen gibt es in vielen Formen und Größen. Der riesige *Global Hawk* fliegt ohne Auftanken von Amerika nach Australien und kann am Tag eine Fläche von 53 000 Quadratmeilen aufklären. Andere sind so klein wie jene Drohnen, die in Bienenvölkern die Arbeit tun, oder sogar noch kleiner: winzige Spionageinsekten auf Fenstersimsen. Knapp ein Zehntel der 7000 US-Drohnen sind reine Attentatswaffen. Auf regelrechten *kill lists* werden im Weißen Haus, im Pentagon und im CIA-Hauptquartier die Namen von Terrorverdächtigen aufgeführt, die umstandslos getötet werden können. Besonders bedenklich ist dabei, dass die Attentatseinsätze in Pakistan, die dort viel böses Blut verursacht haben, in erster Linie von der CIA durchgeführt werden. Früher begnügte sich der Dienst bei seinen Anschlagsversuchen mit explodierenden Zigarren, jetzt setzt er Killerraketen ein. Auf diese Weise ist die CIA zu einer eigenständigen Waffengattung außerhalb der normalen militärischen Verantwortungskette von Befehl und Gehorsam geworden.

Die Drohnenpiloten sitzen in der CIA-Zentrale in Langley vor Monitoren voller Luftaufnahmen. Sie warten, bis sie den Verdächtigen auf dem Bildschirm sehen, und schicken dann per Joystick die Mordrakete los. Manche Kritiker reden von einem »Krieg der Feiglinge«.

Die völkerrechtlichen und ethischen Aspekte gezielter Tötungen durch unbemannte Mordmaschinen sind ein Kapitel für sich. Für kurze Zeit mag die Drohnentechnologie den Amerikanern einen strategischen und taktischen Vorteil sichern. Aber heute arbeiten schon über 50 Nationen an dieser Technik. Wie wird die Welt aussehen, wenn erst einmal viele Länder über solche Mikrovernichtungswaffen verfügen – und nicht nur uns wohlgesonnene Länder, sondern auch Gegner? Wenn »Schurkenstaaten«, Terroristen oder Anarchisten sich in ihren Besitz bringen und einzelne Staatsmänner, Politiker, Kirchenfürsten oder Großindustrielle ins Visier nehmen? Die NATO sollte rechtzeitig darüber nachdenken, ob Drohnen ihr am Ende nicht mehr Schaden zufügen als Nutzen bringen.

Auch die ständig fortschreitende Privatisierung der Kriegführung, ihr Outsourcing an zivile Sicherheitsfirmen, bedarf einer grundsätzlichen Überprüfung. Bei den Amerikanern ist sie mittlerweile gang und gäbe. In Afghanistan hatten sie zuletzt mehr *contractors* eingesetzt als Soldaten, 113 000 gegenüber 90 000, und diese vertragsangestellten Söldner haben 2011 größere Verluste erlitten als die reguläre Truppe, 430 Tote gegenüber 418. Zwischen 2003 und 2007 gaben die USA allein im Irak 84,5 Milliarden Doller für Privatmilitär aus; und auch nach dem Abzug der US-Truppen bleiben noch 5000 solche Mietsoldaten im Zweistromland postiert.

Die Auslagerung von Sicherheitsaufgaben vom Militär auf zivile Verteidigungsfirmen nimmt allmählich immer fragwürdigere Formen an. Sie beschützen nicht nur EU- und

UN-Einrichtungen in Krisen- und Kriegszonen, sondern übernehmen mehr und mehr Aufträge, die rechtens von den Streitkräften wahrgenommen werden müssen. Die amerikanische Academi (vormals Blackwater) baut für 500 Millionen Dollar eine Hilfstruppe in den Golf-Emiraten auf; unter dem Slogan *Assess, Train, Protect* bietet sie »Sicherheitslösungen rund um den Globus« an. Die angloamerikanische Sicherheitsfirma G4S, die sich *the world's leading international security solutions group* nennt, hat 625 000 Beschäftigte und einen Etat von 8 Milliarden Euro; sie nimmt allerdings nicht ausschließlich militärische Aufgaben wahr.

Eine NATO, die sich weigert, all diese Fragen offen anzugehen, wird immer mehr zum Papiertiger werden. Je länger sie sich in ständig kleiner werdenden Kreisen um sich selber dreht, desto rapider wird sie an Glaubwürdigkeit, Respekt und Wirksamkeit verlieren. Nur eines kann da helfen: Das Nachdenken über das Bündnis muss dem Brüsseler Apparat entrissen und aus der rein militärisch-diplomatischen wieder auf die politische Ebene verlegt werden. Die NATO ist schon lange kein Forum für tiefschürfende Debatten mehr. Sie ist zur Echokammer verkommen, in der Botschafter und Generäle einander vorformulierte Erklärungen vorlesen. Politische Programme werden dort so wenig erarbeitet wie eine zeitgemäße *grand strategy*.

Das Zeitalter der Kreuzzüge ist zu Ende. Als rein militärische Organisation hat die NATO keine Zukunft mehr. Wenn sie nicht allmählich dahinwelken will wie Charles de Gaulles Rosen oder junge Mädchen, muss sie wieder mehr werden als eine Militärallianz: nämlich ein in ihrem Wesenskern politischer Verbund. Dazu können und müssen die Europäer einen entscheidenden Beitrag leisten.

## Europa als zweiter Pfeiler der NATO

Wenn Europa künftighin mehr sein will in der NATO als ein willenloses Anhängsel der USA, ein unwirscher Erfüllungsgehilfe amerikanischer Weltpolitik und ein wohlfeiles Rekrutenreservoir für das Pentagon, so muss es sich sicherheitspolitisch endlich in eine Form bringen, die es ihm erlaubt, den Amerikanern auf Augenhöhe zu begegnen. Das heißt auch für die Europäer: zurück zu den Wurzeln. In ihrem Fall: zurück zu Winston Churchill und René Pleven.

Im August 1950 machte Churchill, damals zeitweilig Oppositionsführer, im Europarat einen spektakulären Vorschlag. Er rief auf zur »unverzüglichen Gründung einer europäischen Armee unter einem einheitlichen Kommando«. Zwei Monate später griff der französische Ministerpräsident Pleven diese Idee auf. Sein Ziel: »die Schaffung, zum Zweck der gemeinsamen Verteidigung, einer europäischen Armee in Verbindung mit der politischen Institution eines vereinigten Europa«. Gedacht war an eine Zusammenlegung von Truppen, Rüstungen, Militäretats, alles unter einem einzigen Oberkommando und einer demokratischen Kontrollinstanz. Die Nationalversammlung billigte den Plan mit 343 zu 225 Stimmen. Doch als er 1954 nach langen Verhandlungen erneut zur Abstimmung gestellt wurde, verfiel er radikaler Ablehnung. Auch Churchill, inzwischen wieder Regierungschef, tat nichts, um seiner Idee eine europäischen Verteidigungsgemeinschaft zum Durchbruch zu verhelfen. Deutschlands Wiederbewaffnung wurde nach 1955 im Rahmen der NATO vollzogen, nicht im europäischen Verbund.

Inzwischen sind über 60 Jahre vergangen. Es wäre an der Zeit, die damals gescheiterten Pläne wieder hervorzuholen. Dann könnte auch mit einem zweiten Projekt endlich Ernst gemacht werden: dem Umbau der NATO in ein Zwei-Pfeiler-Bündnis, bestehend aus den Vereinigten Staaten einerseits und einem Zusammenschluss der europäischen Bündnispartner andererseits. Es war Präsident John F. Kennedy, der diesen Gedanken Anfang der 1960er Jahre in die Welt setzte. Er hat ihn vor den Todesschüssen von Dallas nicht mehr entwickeln und verwirklichen können. Heute ist die Idee eher noch einleuchtender als schon vor einem halben Jahrhundert.

Ihre Umsetzung darf sich freilich nicht in rhetorischer Beschwörung erschöpfen. Daran fehlt es nicht. »Wir müssen unsere Fähigkeiten weiter bündeln und erhöhen, sowohl bei zivilen als auch bei militärischen Mitteln« – Erklärungen wie diese von Angela Merkel und Nicolas Sarkozy gehen dreizehn auf ein Dutzend. Und obwohl sich manches schon verbessert hat, lässt Europas militärischer Auftritt doch vieles zu wünschen übrig.

Die EU formulierte 2003 ihre Europäische Sicherheitsstrategie. Sie sieht die Europäische Union als globalen Akteur und stellt auf schnelle Krisenreaktion vor allem zur Unterstützung der Vereinten Nationen ab. Ihre Vorstellungen über Sicherheit und Verteidigung koordinieren die EU-Europäer im Rahmen der Gemeinsamen Außen- und Sicherheitspolitik (GASP) und der Europäischen Sicherheits- und Verteidigungspolitik (ESVP), denen in Brüssel ein Militärausschuss mit seinem Militärstab zuarbeitet. Nach langem Hin und Her sind die NATO-Europäer auch in SHAPE, dem militärischen Hauptquartier des Bündnisses, mit einer eigenen Planungszelle vertreten. Die Europäische Verteidigungsagentur (EDA) soll zudem ihre Rüstungsbeschaffung auf einen gemeinsamen Nenner bringen.

Bei genauerem Hinschauen kommt rasch zutage, dass in dieser Buchstabensuppe bisher nur verhältnismäßig wenig Handfestes schwimmt. Als konkreter ist da schon das im

Jahre 2004 verabschiedete Battlegroup-Konzept zu werten. Von zweieinhalb Dutzend solcher Einsatzgruppen, jede 1500 Mann stark, stehen zwei jederzeit parat, innerhalb von fünf bis zehn Tagen zum Einsatz auszurücken – typischerweise als Vorhut einer später eintreffenden UN-Einheit. Als planerischer Anhalt wurde ein Aktionsradius von 6000 Kilometern um Brüssel festgelegt, sodass die wahrscheinlichsten Operationsschwerpunkte vor allem in den Krisengebieten Afrikas und des Nahen Ostens liegen. 30 Tage sollen die Battlegroups ohne externe Versorgung auskommen. Anders als die 2002 beschlossene *NATO Response Force* (NRF), die den ursprünglich geplanten Umfang von 25000 Mann nie erreicht hat, stehen die Battlegroups nicht bloß auf dem Papier. Allerdings: Was lässt sich mit 3000 Mann in unserer turbulenten Welt schon anfangen?

Die Europäer sind militärisch nicht völlig zahnlos. Sie halten heute 1,6 Millionen unter Waffen. Für Verteidigung gaben sie 2010 mehr aus als alle BRIC-Staaten (Brasilien, Russland, Indien und China ) zusammen; wenn man von den USA absieht, insgesamt 31 Prozent der weltweiten Verteidigungsausgaben. Doch sind auch die Schwachstellen nicht zu übersehen. Sie können kaum mehr als jeweils 100000 Soldaten in internationale Einsätze schicken (2006 waren es 68000; 2011: 49000). Die gravierenden Mängel sind sattsam bekannt. Im Libyen-Krieg sind sie auf drastische Weise in Erscheinung getreten. Die Europäer haben Probleme mit Nachschub und Kommunikation. Es fehlt an Langstreckentransportflugzeugen und Lufttankern, Präzisions- und Abstandswaffen, Aufklärungssatelliten und Aufklärungsdrohnen, nicht zuletzt an Hubschraubern, die sich für Einsätze außerhalb Europas eignen. Die Auslieferung des Militärtransporters A400M, des A330-Lufttankers, des Kampfhubschraubers Tiger und des Transporthubschraubers NH90 hat sich um mehrere Jahre verzögert. Auch die Indienstnahme des militärisch nutzbaren Satellitensystems Galileo lässt schon jahrelang auf sich warten.

Allerdings muss man gerechterweise hinzufügen: Viel zu lange hat Washington jeden Versuch der Europäer gebremst, ja sabotiert, der Europäischen Union ein schärferes sicherheitspolitisches Profil zu geben. Eine deutlich ausgeprägte militärpolitische Identität Europas lag nicht im amerikanischen Interesse, es würde sich ja schwerer spalten und gängeln lassen. Jeder Schritt in Richtung zwei Pfeiler wurde daher automatisch als Schwächung des NATO-Zusammenhalts ausgelegt. So sträubten sich die Amerikaner lange sogar gegen ein EU-Planungselement innerhalb der NATO, das Überlegungen anstellen sollte über die Reaktion der Europäer in Eventualfällen, in denen sich die USA nicht zu engagieren beabsichtigten.

Aber es bleibt noch viel zu tun, bis eine tatsächlich auf zwei Pfeilern ruhende NATO zustande kommt. Bisher gab es Fortschritte nur im Schneckentempo. Institutionelle Klempnerei überwog. Wobei eines der gravierendsten Hindernisse aus der Sprachlosigkeit erwächst, die zwischen der NATO und der EU nach wie vor anhält. Beide haben ihre Hauptquartiere in Brüssel; 21 Staaten gehören der EU wie der NATO an; in Bosnien, im Kosovo, vor der somalischen Küste und in Afghanistan schlagen sie sich mit denselben Problemen herum. Es ist, als ob eine undurchdringliche Mauer die beiden trennte. Nach der Rückkehr Frankreichs in die Militärorganisation der NATO ist die Rolle des Spielverderbers auf die Türkei übergegangen, die wegen Zypern alle wichtigen Kontakte zwischen EU und NATO blockiert.

Parallel zueinander versucht die NATO wie die EU, in Zeiten der Finanzkrise durch Straffen, Strecken, Streichen und vernünftiges Wirtschaften mehr Sicherheit zu schaffen mit weniger Mitteln. NATO-Generalsekretär Rasmussen appelliert leidenschaftlich an die Mitgliedstaaten, dies durch mehr Koordinierung zu erreichen – durch *pooling and sharing*, durch Arbeitsteilung einerseits, Spezialisierung andererseits. Sein Rezept lautet *smart defense*: nicht *mehr* Geld ausgeben, sondern es *klüger* ausgeben. Im »Ghent Framework«, einer schwedisch-deutschen Initiative, versucht die EU genau dasselbe. Einiges ist auch schon auf den Weg gebracht. Aber noch gibt es zu viel Duplizierung im Bereich Logistik und Ausbildung, zu wenig Koordination bei der Rüstungsbeschaffung, zu viel einzelstaatliche Selbstsucht und zu wenig gemeinschaftliches Denken. Hartnäckiger als anderswo glänzt auf dem Wehrsektor die Patina der nationalen Souveränität.

Es ist dringend nötig, auf dem Weg zu *smart defense* weiter voranzukommen. Nach dem Abzug aus Afghanistan mag manches Reformvorhaben auch leichter fallen als heute, wo enorme Kräfte und Mittel am Hindukusch gebunden sind. Und vielleicht schaffen ja die Sparzwänge, die sich aus der Finanz- und Wirtschaftskrise ergeben, was allein mit guten Vorsätzen bislang nicht zu erreichen war: die beschleunigte Herausbildung einer europäischen Sicherheitspolitik, die ihre militärischen und zivilen Kräfte im Rahmen einer klar erkennbaren europäischen Außenpolitik bündelt – einer Außenpolitik, die draußen in der Welt ebenso viel Respekt genießt wie die Handelspolitik der EU. Aber die Europäer sollten dabei mehrere Einsichten nicht in den Wind schlagen.

Zum Ersten: Es wird ein mühsamer und langwieriger Prozess werden. Er wird nicht alle EU-Mitglieder von Anfang an einschließen können. Verschiedene Länder werden auf verschiedenen Feldern vorangehen. Das können einmal Franzosen und Briten sein, ein andermal Franzosen, Deutsche und Polen, ein drittes Mal Deutsche, Italiener, Spanier und Österreicher – Hauptsache, die graduellen Fortschritte richten sich an dem gemeinsamen Endziel aus.

Zum Zweiten: Die Schärfung des europäischen Verteidigungsprofils muss in einer Weise vor sich gehen, die nicht als antiamerikanisch ausgelegt werden kann. Sie sollte sich innerhalb der NATO vollziehen, nicht parallel zu ihr und schon gar nicht gegen sie. Indessen braucht nicht verschwiegen zu werden, was die Zielvorstellung ist: nämlich der Umbau der Allianz zu einer strategischen Partnerschaft, in der Amerikaner und Europäer einander 1:1 gegenüberstehen.

Zum Dritten: Die Europäer haben weltweite Interessen, aber anders als die USA brauchen sie kein Militär, das mit großen Feldheeren, zigtausend Elite-Soldaten in *special forces*, Fernbombern und Flugzeugträgerflotten jederzeit weltweit einsatzfähig ist. Sie reden zwar viel von weltweiter Verantwortung und dem Ehrgeiz, ein *global player* zu werden, in Wahrheit sehen ihre Pläne allerdings in der Distanz nur Miniunternehmen vor. Solange sich keine neue existenzielle Bedrohung am Horizont abzeichnet, reicht dies auch völlig aus. Wenn indes eine solche Bedrohung sichtbar würde, könnten sich die Europäer immer noch rechtzeitig darauf einstellen. Von Missionskriegen werden sie sowieso die Finger lassen. Auch braucht man ihnen mitten in der Euroland-Krise nicht einzuschärfen, wo derzeit die größten Gefahren lauern. Botschafter Wolfgang Ischinger, der Vorsitzende der Münchner Sicherheitskonferenz, hat es bei deren jüngster Tagung auf die griffige Formel gebracht: *It's banks, not tanks.*

Zum Vierten: Die Europäer sollten sich auch in Zukunft vor allem auf das verlassen, was sie am besten können, besser zumeist als die Amerikaner: ihre *soft power*. Ihre Stärken sind Diplomatie, vertragliche Regelungen, Entwicklungshilfe, zivilgesellschaftliches Einwirken, Wiederaufbau nach kriegerischer Zerstörung. Diese Stärken müssen sie bewusster ausspielen, die *hard power* des amerikanischen Verbündeten ergänzend und die eigene *hard power* unterfütternd. Jedenfalls sollten sie die Wirksamkeit nicht militärischer Antworten auf Sicherheitsherausforderungen nicht unterschätzen.

Zum Fünften: Europa sollte sich nicht in Kriege stürzen, die in keiner strategischen Bedrohung ihre Rechtfertigung finden. Es muss sich von moralischem und pädagogischem Imperialismus fernhalten und sich vor dem humanitär-interventionistischen Komplex vieler Gutmeinender ebenso hüten wie vor dem militärisch-industriellen Komplex der Hau-drauf-Strategen. Ewiger Krieg für ewigen Frieden, das kann keine Leitlinie sein. Was immer das Kriegsziel ist – Eroberung oder Demokratisierung oder Menschenrechtsdurchsetzung –, die Methoden und Instrumente des Krieges wandeln sich, doch nicht seine Natur: das Handeln in den Nebel hinein und in die alles überlagernde »Friktion«, wie Clausewitz das Element des Unerwarteten, Unberechenbaren und Unbeeinflussbaren genannt hat. Jeder Krieg brutalisiert auch die, die ihn aus Gewissensgründen führen, und Interventionen erhöhen in aller Regel die Gewalt und die Zahl ihrer Opfer.

Der Frieden dient der Gerechtigkeit mehr als die Gerechtigkeit dem Frieden – dieser Kernsatz galt im Kalten Krieg. Er gilt auch heute. »Der Friede hat die moralische Priorität«, sagt Henry Kissinger; die Ausgebombten, die Verbrannten, die Erschossenen hätten keine Menschenrechte mehr. Deswegen sollten die Europäer sich nicht auf *wars of choice* einlassen: Demokratisierungskriege, Abrüstungskriege, Kriege zur Ausrottung des Bösen auf Erden. Sie sollten nicht auf den Satz hören, der dem amerikanischen Kolumnisten Fareed Zakaria 2002 in die Tastatur floss: *Europe must go back into the business of making war.* Noch sollten sie sich für den »Imperialismus der Freiheit« begeistern, der dem *ZEIT*-Leitartikler Bernd Ulrich vorschwebt. Besser, sie beherzigen die nachdenkliche Anregung des Philosophen Odo Marquardt, dass schon manche die Welt verändert hätten, es käme aber darauf an, sie zu verschonen.

Zum Sechsten: Die Europäer haben jedes Interesse daran, zu Russland ein Verhältnis aufzubauen, das von Vertrauen und Verständnis getragen ist. Dies erfordert zunächst einmal die Einsicht, dass Russland nicht die Sowjetunion ist. So sehr es Putins Demokratie auch an Lupenreinheit fehlen mag – neoimperialistisch oder begierig auf Konfrontation ist das Land nicht. Die NATO sollte Moskau nicht durch fortschreitende Ost-Erweiterung auf den Leib rücken, sondern alles dafür tun, dass die »gemeinsame Nachbarschaft« nicht zur Konfliktzone wird. Dafür muss der dahindämmernde NATO-Russland-Rat wiederbelebt werden. Die Europäer sollten energisch darauf drängen, dass die aus dem Jahr 2008 stammenden Medwedjew-Vorschläge für eine Neugestaltung der europäischen Sicherheitsarchitektur ernsthafter als bisher diskutiert werden. Dabei darf auch der Gedanke einer schrittweisen Integration Russlands in die NATO nicht tabu sein. Nur in solch partnerschaftlichem Geist ist der Streit über die Installierung eines westlichen Raketenabwehrsystems beizulegen. Und nur in diesem Geist ist die schwebende Auseinandersetzung über *frozen conflicts* wie Transnistrien, Abchasien und Südossetien zu beenden. Die fortdauernde strategische Ausgrenzung Russlands verschüttet dort nur jegliche Bereitschaft, die Vereinbarkeit der westlichen und russischen Interessen zu erkunden. Es ist höchste Zeit, mit dem »Neustart« in den Beziehungen Ernst zu machen. Im partnerschaftlichen Zusammenwirken könnten Russland, die Vereinigten Staaten und Europa der Konfliktbewältigung innerhalb der euro-atlantischen Region einen historischen Impuls verleihen.

Auf jeden Fall sollten die Europäer – den vor allem in Amerika zu beobachtenden – Tendenzen entgegenwirken, in den Feinden der Vergangenheit auch die Feinde der Zukunft zu sehen. Dies gilt für China ebenso wie für Russland. Zwar lehrt die Geschichte, dass aufsteigende Mächte dazu neigen, das bestehende Mächtemuster gewaltsam über den Haufen zu werfen – siehe Deutschland, siehe Japan. Bisher haben die Chinesen keinerlei ausgreifenden Ehrgeiz erkennen lassen. Selbst ihre nachholende Aufrüstung zur See deutet nicht darauf hin, wenngleich sie damit den Amerikanern im Pazifik zu schaffen machen. Beijings Militäretat steigt zwar ständig an (2010: 120 Milliarden Dollar), liegt aber immer noch weit hiner dem Pentagon-Budget (700 Milliarden) zurück. Wachsamkeit ist angebracht, doch besteht kein Anlass, sich vorbeugend schon hemmungsloser Feindbildpflege hinzugeben.

Zum Siebten: Die Europäer müssen die NATO-Verantwortlichen beim Wort nehmen. Die Allianz darf kein Weltgendarm werden. Sie sei eine Kontinentalallianz, keine Globalallianz, hat schon 1996 die damalige US-Außenministerin Madeleine Albright gesagt (»*It cannot and should not police the world*«). »Ich sehe keine globale NATO«, erklärte Bundeskanzlerin Merkel dem Bundestag. Und NATO-Generalsekretär Rasmussen bestätigte in der *ZEIT*: »Die NATO kann keine globale Verantwortung übernehmen.« Dabei muss es bleiben. Die Wirkungsweise der Allianz darf auch nicht durch die Hintertür der neuerdings angestrebten, in ihrer Zielsetzung allerdings unklaren »globalen Partnerschaften« ausgedehnt werden. Die Allianz muss vornehmlich auf die Sicherheit der nordatlantischen Partner gerichtet bleiben.

Zum Achten: Natürlich muss die NATO sich auf die Bereitstellung einsatzfähiger Armeen konzentrieren, auf ihre Rüstung, ihre verteidigungspolitischen Richtlinien und ihre strategische Doktrin. Sie darf darüber jedoch nicht die andere Seite der Medaille vergessen: Rüstungskontrolle und Abrüstung. Der Nachdruck darauf hat letztlich den Kalten Krieg beendet. Auch heute, wo im Vorderen Orient und in Asien massiv aufgerüstet wird, darf die Erfahrungstatsache nicht ignoriert werden, dass Sicherheit nicht nur durch Rüsten, sondern auch durch gleichgewichtiges Abrüsten hergestellt werden kann. Es ist ein probates Mittel zur Entspannung.

## VIII. Altes Bündnis, neuer Bund

»Nicht mehr kriegen lernen« – der von dem biblischen Propheten Jesaia beschworene friedliche Endzustand menschlicher Entwicklung, der die Kriegskunst überflüssig macht, ist noch nicht erreicht – wenn er überhaupt je erreicht wird. Wir leben in einer Welt, in der die Gefahren und Bedrohungen vielfältiger und zugleich weniger fasslich sind als im vorigen Jahrhundert, und weniger kalkulierbar die Politik der Mächte, die auf der Weltbühne agieren oder agieren wollen. Wenn Amerika und Europa nicht weiterhin zusammenstehen, verspielen sie die Chance, ihre Leitideen und Wertvorstellungen in der entstehenden internationalen Ordnung zu verankern und zugleich ihre essenziellen Interessen zu wahren.

*Old soldiers never die, they just fade away*, besagt ein amerikanisches Lied. Alten Allianzen droht das gleiche Schicksal, wenn es ihnen, ewiggestrig, an der Kraft fehlt, sich auf neue Gegebenheiten einzustellen. Die NATO muss aus ihren inneren Widersprüchen, Halbheiten und Doppeldeutigkeiten herausfinden. Nur dann wird sie dem allmählichen Verdämmern und Verbleichen entgehen.

Der NATO fällt als Bindeglied zwischen den transatlantischen Parteien weiterhin eine bedeutsame Rolle zu. Doch reicht sie als einziger institutioneller Rahmen der transatlantischen Zusammenenarbeit nicht mehr aus. Zwar sollte sie selber mehr zu einem politischen Forum werden, dessen Mitglieder sich vorausschauend über künftige Herausforderungen Gedanken machen, anstatt immer nur auf bereits eingetretene Krisensituationen zu reagieren. Doch wäre darüber nachzudenken, der Militärorganisation ein eigenständiges Kontakt- und Koordinierungsorgan zur Seite zu stellen, das sich mit politischen, wirtschaftlichen und kulturellen Fragen befasst, die über das Blickfeld und Aktionsfeld von Generälen und Botschaftern hinausreichen. Von einem *Atlantic Steering Committee* hat Henry Kissinger einmal gesprochen. Es ist an der Zeit, intensiver darüber nachzudenken.

Aus den Generalstäben, Planungsstäben und aus unseren überforderten Parlamenten werden zündende Zukunftsideen schwerlich kommen. Was nottäte, wäre ein internationaler Rat der Weisen, eine *Blue Ribbon Commission*, besetzt mit angesehenen, erfahrenen, politisch gewichtigen Männern und Frauen, die einen freien Blick nach vorn wagen und der transatlantischen Gemeinschaft die Trasse in die Zukunft vorzeichnen können.

Wir leben in einer Zeit, in der die Überlebensprobleme der Menschheit die herkömmlichen zwischenstaatlichen Konflikte teils zu verschärfen, teils zu überlagern beginnen: bedrohte Umwelt, Klimawandel, ungebremstes Bevölkerungswachstum, Energiesicherheit, Nahrungsknappheit und wiederkehrende Wirtschaftskrisen. In solch einer Zeit kann die NATO nicht die wichtigste, jedenfalls nicht die einzige Klammer der transatlantischen Partnerschaft bleiben. Nicht militärische Kooperation wird in Zukunft noch wichtiger werden, als sie heute schon ist. Ein revitalisiertes Amerika und ein sich einigendes, sich vereinigendes Europa haben, wenn sie zusammenhalten, die Chance, dem alten Westen neue Dynamik zu verleihen und ihn zu einer geopolitischen Größe zu machen, die dem aufsteigenden und möglicherweise auch auftrumpfenden neuen Osten ein verantwortungsvoller Partner ist, sich neben ihm aber auch zu behaupten weiß.

In solch einer erweiterten und vertieften Partnerschaft werden die Amerikaner lernen müssen, dass *leadership* nicht gleichbedeutend ist mit *bullying*, wie es ein kanadischer Außenminister einmal ausgedrückt hat: Es reicht nicht aus, die Partner zur Botmäßigkeit zu verdonnern. Die Europäer jedoch müssen lernen, dass eine ersprießliche Partnerschaft sich nicht in der rhetorischen Anrufung des Prinzips Ebenbürtigkeit erschöpfen darf. Die Atlantische Gemeinschaft litt zuletzt an zu viel Amerika – heute leidet sie unter zu wenig Europa. Dies muss sich ändern. Der europäische Pfeiler kann nicht aus dem Gips wohlfeiler Deklarationen entstehen; er muss betoniert und armiert sein, wenn die Europäer dem Dilemma entkommen wollen, den Amerikanern entweder unterwürfig-fügsam oder trotzig-aufsässig zu begegnen.

»Vom Bündnis zum Bund« muss nunmehr die Parole sein. Für den Zukunftsbund zwischen den Vereinigten Staaten und der Europäischen Union sollte ein neues, breiteres und festeres Fundament gegossen werden, sobald auf beiden Seiten des Atlantiks wieder Staatenlenker mit dem Mut zur Vision und der Kraft zu ihrer Verwirklichung am Ruder sind.

# Inhalt

Bibliografische Information der Deutschen Nationalbibliothek

Die Deutsche Nationalbibliothek verzeichnet diese Publikation
in der Deutschen Nationalbibliografie; detaillierte bibliografische
Daten sind im Internet über http://dnb.d-nb.de abrufbar.


© edition Körber-Stiftung, Hamburg 2012
Umschlag: Groothuis, Lohfert, Consorten (glcons.de)
Herstellung: Das Herstellungsbüro, Hamburg
Druck und Bindung: CPI – Clausen & Bosse, Leck
Printed in Germany
ISBN 978-3-89684-144-5
Alle Rechte vorbehalten

www.edition-koerber-stiftung.de